広告業界
就職ノ

ススメ。【増補版】

広告業界就職フォーラム発起人
吉開 章

創出版

広告業界就職ノススメ。【増補版】 目次

はじめに

本書は、広告労協「広告業界就職フォーラム」の発起人の一人であった私が、「とおりすがりの業界人」のペンネームでつづってきたブログ形式の就活アドバイスを出版したものです。

広告労協は様々な広告会社の従業員組合から構成される労働組合団体です。就活状況が困難を極めていた2002年、広告労協事務局長の藤井勝敏氏（ADKユニオン）は、いろいろな噂に惑わされる学生に正確な情報を提供し、広告業界全体として優秀な人材を確保したいと考えました。

そこで当時大手代理店労組の書記長であった私と意気投合し、2002年初めに東京飯田橋で最初のイベントを開催、翌年からは労協のコア活動の一つとして東京・関西地区で毎年実施しています。

また各種模擬面接会やOB訪問会も随時開催し、厳しくも愛のあるアドバイスで多くの学生の自覚と成長を促してきました。このほか同名のウェブサイト（http://homepage3.nifty.com/adunion/）を常時開設し、情報発信、チャット、オフ会、メールによるワンポイントアドバイスなどを行ってきました。

このような学生との交流での経験をもとに、広告業界に限らず学生が社会人になることを目指す上での心構えを中心に、個人的につづってきたコラム形式のブログが「広告業界就職ノススメ。(http://adunion.cocolog-nifty.com/)」です。400本以上のコラムから厳選して2006年1月に出版した書籍版は、高い評価を頂戴してきました。

上梓以来読者から送られてきた200本以上の感想(http://adunion.cocolog-nifty.com/column/blog/index.html)を見ると、特に「役員＝お父さん、人事＝お母さん」論は、多くの学生の役員面接を後押しし内定に導いたようです。また「まず、名乗る」「携帯で、名乗る」では、社会人にとって当然のことが学生にとって真新しいことだったと、私自身が驚いたものでした。

実際、「広告業界就職のアドバイス」よりむしろ「就職全般におけるコミュニケーション論」というべきコラムの方が多いかもしれません。寄せられた読者の感想の多くが指摘しているとおり、広告業界以外も併願する就活生の方にも十分役に立つ内容だと自負しています。

最初の出版より11年、増補版出版から8年が経ち、篠田編集長より増刷のお話をいただきました。就職の心構えにフォーカスした本書が現在でも役に立つと支持を頂戴していることに、心から感謝したいと思います。

2017年4月

吉開　章（「とおりすがりの業界人」／広告業界就職フォーラム発起人）

組合の就職支援は、広告労協Ｆ氏の「発明」です。

「広告業界就職フォーラム」は、広告労協の中心的スタッフで、現役の大手広告会社社員であるＦ氏の「発明」だと思っています。

一人の先輩社員とも話さずに受かり、辞退する学生たち

広告業界は中小規模の会社が多く、また極めて多忙であるため、訪問する先輩社員が見つからない学生は多数派です。また入社試験を社外の会議室で実施する会社もあり、ＯＢ・ＯＧ訪問どころか、社内に一歩も入ることなく受験することもあります。多くの学生が「就活サイト」と「就職本」と「ネット上の風評」の組み合わせだけで活動しているようです。

そんな中でも、狭き門を通過する人はどんどん通過していきます。しかしこのような学生はプレゼンテーション能力が高く、他の一流企業にも内定を取っているものです。こういう場合、内定各社を冷静に見つめることとなり、相談する相手もなく、「親が知らない

組合の就職支援は、広告労協F氏の「発明」です。

から」「自分もよく知らないから」といった理由だけで、広告会社の内定を蹴るということが多々あります。せめてOB・OG訪問でもしていれば、率直に相談できるところです。

就職シーズンに、学生は「広告業界」自体を評価する

広告業界志望者も現実的には他業種にも応募しており、結果的に多くが他業種に就職していきます。しかし、この「他業種」は多くの場合「広告主になりえる業種」です。広告業界が人気業界であり倍率が高いことは仕方がないとしても、OB・OG訪問や面接などで「雑に扱われた」「ちゃらちゃらしている」「横柄だ」といった印象を志望者に与えていることがあったりしたら、それは結局、将来の広告業界全体に偏見を持たせる原因となります。

社員にとって、中途半端な「OB・OG訪問」

私自身就職シーズンになると、今でもOB訪問を受けます。しかし、忙しい日中の時間を割《さ》いての面会では、通り一遍《いっぺん》のアドバイスしかできないものです。さらには現実的に倍率が高すぎ、人事に推薦するようなこともできないので、せっかくの縁も一期一会《いちごいちえ》に過ぎず、その後のフォローにも消極的になりがちでした。

同時に、もう少し時間をかけて相手のことを知ることができれば、もっと適切なアドバ

イスができるのではと思うこともあります。しかし、ＯＢ訪問も様々なルートで散発的にやってきますので、ＯＢ訪問のたびにお茶をしたりお昼をごちそうしたりするのも、現実的に時間や費用がかさみ、ノウハウも蓄積しません。

同様に私の会社の組合（「単組」と言います）活動として取り組んでも、実際はほとんどの学生が他業界や同業他社に行く場合が多く、また企業内組合としての立場では、対外活動はしづらいという面もあります。

業界と学生の間にある「広告労協」の位置付けと、Ｆ氏の発明

「広告主それぞれのコミュニケーション課題を解決する」ことが広告業界のミッションだとすれば、自分自身も通過してきた入社試験も、それぞれの学生にアドバイスできるはずです。一方で、広告業界といっても、大手代理店2社を、しかもイメージ程度でしか理解していない学生は山ほど存在します。トップ2社以外の広告会社にとって優秀な人材を確保するためには、もっと業界全体のことを知ってもらう必要があります。

言い換えれば、広告業界は人気業界であることにあぐらをかくのではなく、**将来の広告主にもなりえる若い層に、就職活動という時期を通じて、広告業界へのシンパシーをあらかじめ作っておくチャンスがある**のです。これは中長期的に広告業界全体の発展に貢献することに間違いありません。

組合の就職支援は、広告労協F氏の「発明」です。

これを**「各組合の連携でやってしまおう」と構想を練り、02年に「突然」実現させたの**が、広告労協の中心的スタッフであるFさんでした。

本来であれば広告会社の連合体である日本広告業協会といったところがやるべきと思われるでしょうが、やはり採用当事者でもあるという立場から、現実的には困難です。広告労協は、加盟単組の活動を助けるための情報収集・提供が中心的な機能ですが、広告業界に従事する人に広く貢献することをミッションとした、対外的な団体でもあります。ましてや基本的にはOB訪問という、誰でもやっているボランティアを組織対応するだけですから、インターネットの活用もあり、実現は意外に簡単なものでした。私自身F氏からアイデアを聞いたとき「その手があったか！」と感動し、今日に至っています。

就職フォーラムを核とする労働組合活動の好循環を目指して

広告労協が学生に対してボランティアをすることで、広告業界だけでなく、**「労働組合」という世界にもシンパシーをもってもらえる**と確信しています。

電通労働組合、ADKユニオンを含め、広告労協加盟のほとんどの労組が加入を強制されない「オープンショップ」であり、会社全体のことを考える「企業内組合」であり、組合の役員はみな現場の社員（「非専従」）です。加入するかしないかは内定した方の判断ですが、広告労協の活動が各労組の存在なしにはありえないことを感じていただければ、きっと仲間になってもらえると信じています。

広告労協Fさんの壮大なる構想は、いまや広告労協のコアイベントという位置付けとなり、各組合の中心的スタッフもできる限りの協力体制を敷いています。また06年度からは、学生時代に広告労協と接してきた社員の方々がパネリストに出演しています。F氏の発明は、すでに自立したムーブメントに昇華しているようです。

1

ＯＢ訪問・ＯＧ訪問より大事なこと。

まず、名乗る。

名前を名乗らない、学生

　模擬面接会のトップバッターだったS君は、舞い上がっていたのか、自己PRで最後まで自分の名前をいわずに面接が終わりました。私は、

「私はキミと初対面です。キミがいつ自分の名前をいうか、それだけを待っていたら、自己PRが終わっていました。それまでの話はぜんぜん聞いていません。落ちていますね、この理由だけで」

　とボロクソの評価をし、彼は帰りの電車で悔しさに涙したそうです。その後、彼はこの体験をバネに、無事、自分の希望する職種での就職活動に成功しました。

　別な模擬面接でも、最初の3人は全員自分の名前を言いませんでした。S君と同様、不慣れで舞い上がっているとはいえ、名前を言わないということには何か原因があるのでは

と思うようになりました。

着信通知が変えた、コミュニケーションのマナー

携帯電話の普及によってコミュニケーションが変わったことは数多くありますが、その一つに「着信者通知」という機能が挙げられます。

以前は固定電話での着信者通知サービスはなく、電話は誰からかかってきているか分からないのが前提で出るのが当然でした。しかし、携帯電話とともに着信通知機能が普及し、プライバシー重視や迷惑電話の増加に伴い、今や固定電話にも着信通知機能をつけるのが当たり前です。「礼儀として名乗る」マナーは１８０度変わり、今や**「安全のために名乗らない」ことが当然**になってしまいました。

私自身を振り返っても、私的な連絡は電子メールや携帯電話が中心になっており、自宅の固定電話にかかってくる不明な相手に、自分から「はい、○○です」と名乗ることはなくなりました。今後私も、自分の子供に「知らない番号からかかってきたら、安易に名乗らないように」と教えることになるのでしょう。

電話でなくても、知らない人に安易に名前を言うなと教えなければいけない世の中です。地域という社会的なつながりも希薄となり、電話の機能と位置づけが大幅に変化している中で、学生にとって「名乗る」機会自体が極端に減っているといえるでしょう。

ビジネスの世界は、名乗ることからスタート

しかし、**ビジネスの世界では、すべては「名乗る」ことから始まります**。毎日が自己紹介といっても過言ではありません。どの会社でも、名刺交換と電話応対は入社時に徹底的に仕込まれます。名乗らないで仕事の話をするヤツは、非通知で自宅にかけてくるテレアポ業者と同類といえます。

広告業界は会社対会社（B to B）の取引ですが、**「どの会社と仕事をする」よりむしろ「だれと仕事をする」方が重要視される**世界です。新人であればあるほど、自分の名前を完全に相手に覚えてもらうためには様々なアプローチで名前を伝えていかなければいけません。名刺を渡しただけで相手が名前を覚えてくれると思ったら大間違いなのです。

面接では、何があっても、まず名乗る

面接も同じであり、自己紹介で一番大事なのはあなたの名前です。**あなたにとって当たり前の名前は、相手にとって初めての名前なのです**。読み仮名がなければ、名前は正確に読んでくれないと思うほうがいいでしょう。「渡部」さんは言われなければ「わたなべ」か「わたべ」か区別がつきません。あやふやにしか伝わっていなければ、面接官はその学生を名前で呼びかけることもしないでしょう。

面接では、何があっても、まず名乗ってください。仮に相手が「〇〇さん、自己紹介をお願いします」と言ったとしても、最初に名乗っておくのが安全です。いくつか読み方がある名前なら、きちんと読み方を伝えることが重要です。グループ面接で前の学生が名乗っていない時こそ、つられずきちっと名乗って挨拶をしてください。

　選挙運動のように名前を連呼する必要はありません。しかし最初に名乗っても一発で覚えてもらうことは稀《まれ》でしょう。私からは、**エピソードに乗せる形や話の最後に加える形で、もう一度名乗ってみることをお勧めします**。私自身、ビジネスの場で相手が私の名前を覚えてないだろうと感じたとき、過去のエピソードなどに自分の名前を交えて話し、相手に気づかせるようにしています。相手はずーっと「この人の名前何だったっけ」と思いながら話をしていますので、間違いなくその瞬間に深く記憶してもらうことができます。

　面接官は間違いなく電話で名乗っている世代が多数派です。名前を名乗らない学生に面接官は「無礼者、名を名乗れ！」と思っているに違いありません。しかしそれを面接で指摘してくれる面接官はいません。広告労協の模擬面接で臨死体験をした学生ほど、ちょっとだけ他の学生より内定に近いと言っておきましょう。

携帯で、名乗る。

電話がお茶の間に1台という時代から、家族全員に携帯1台ずつという時代になり、コミュニケーションのありかたが劇的に変化しました。一言で言えば、電話で名乗る必要のない時代になった、ということです。

しかし、相変わらず電話で名乗らなければいけない場面もあります。それはビジネスの場です。新入社員は、あいさつの仕方、名刺の渡し方とともに、電話の取り方を徹底的に教育されます。電話で名乗らなければ、給料をもらうものとして失格なのです。

採用と求職の関係は、立派な「ビジネス上の取引」といえます。学生が就職活動で会社にコンタクトをとるということは、「自分という商品」を売り込むビジネスの話をしているわけです。逆の視点から見れば、会社があなたに電話をかける時も、あなたにビジネスとしての対応を期待しているといえるでしょう。

就職活動のエントリーで、会社に携帯番号を伝えたその瞬間から、あなたの携帯は「社会への窓口」になります。あなたは**「個人事務所の代表番号」**を持ったのです。
　採用担当は固定電話から番号を見ながらかけるので、番号間違いをする可能性もあります。したがって相手が名乗らないのであれば「○○さんですか？」と確認しなければいけません。学生の方から名乗ることにより、ステップが一つ省略でき、早く話を切り出すことができます。また現在では学生が携帯で名乗ることはほとんどないため、自分から名乗ることで「ビジネスのマナーが分かっている＝社会人になる準備ができている」という印象を与えることができるのではないかと思います。

　少なくとも就職活動中は、携帯に知らない番号や発信番号非通知でかかって来たら、ビジネスマナーとして名乗ってみてはいかがでしょうか。

人材像の最大公約数は。

数字を10個無作為に挙げれば、その最大公約数は多分「1」です。このことを「互いに素」といい、共通の要素（約数）が「ない」ことを示します。

さまざまな業種の採用試験で同じことを言っても通用しません。**業種によって求める人材像が違う**からです。さらに細かく見れば、同じ業種でもそれぞれの会社によって違います。様々な業界で求められる人材像の最大公約数はきっと1程度なのです。

かねてから私は**「業界を絞らない就活アドバイスは存在しない」**と思っています。

就活アドバイス本は書店に多数並んでいます。確かに自己分析の手法や社会人と接する時のマナーなど、ゼロベースの学生には必須アイテムだと思います。しかしそのようなことは、採用する側の立場から言えば、できて当たり前、面接のスタート地点に過ぎません。

本当に大事なことは**業界研究と会社研究、その結果として自分がその会社にどう貢献できるかを見つけだす**ことです。選考の初期段階では人物像で見ることがあっても、さらに

1 OB訪問・OG訪問より、大事なこと。

上の段階では会社研究の不十分さを必ず見透かされます。「どこに行っても同じことを言っているな」と思われた瞬間に、面接は終了です。

広告業界はもともと会社情報が少ないので、会社研究にも不自由することは事実です。人事担当ですらその状況は理解していることでしょう。しかしごくわずかでもその会社固有のことを調べ、志望動機に交えてプレゼンできれば、人事も人の子、何かしら自分のことを理解してくれる（しようとしている）姿勢を評価したくなるのではないでしょうか。

業界・会社研究は就活の要《かなめ》。自己分析レベルで息があがってしまうことなく、そこに求められている固有の人材像をはっきり認識しましょう。それには**やはりOB・OG訪問が成否の別れ道**となります。本やネットに頼ることなく、自分の目・耳・足で情報を稼ぐことが重要です。話すときのリアリティが決定的に違います。

OB訪問・OG訪問より、大事なこと。

　このボランティア活動にはまっていく中で、今の学生の実態に直接触れることができ、私自身大きなカルチャーショックを受けることもしばしばとなっています。その中でも、「少子化・核家族化」と「ケータイ・電子メール」が、いかに彼らのコミュニケーション文化を変えていったかということを実感しています。

　さらに**「今の学生は、それまで社会人と話す機会がどれだけあったのだろう」**という点に興味があります。今社会人を目指す学生が、そもそも社会人という世界をどれだけイメージできているのだろうか、数々の学生と接していくうちに、そう思うようになってきています。

　ケータイ・電子メールがない時代には、親と同居している彼女に連絡をとるためには自宅に電話をするしかありません。そこで**避けて通れないのが「彼女の両親が電話に出る」ということです**。多分私たちの世代は、これが最初に直面する社会人の壁であり、どのように挨拶をするか、いやな反応をされたらどうしようか、などと、コミュニケーションの方法を自分自身で研究せざるを得ない局面に追い込まれます。

今の時代は、最初からケータイ・電子メールがあり、親を経由しなくても直接相手とコンタクトをとることができます。私のような世代からはとてもうらやましいことですが、**彼らは「恋人の親」という最大の社会人の壁の存在すら知らず、就職活動になるまで同世代間のコミュニケーションだけで突っ走ってきている**のではないかと思っています。脚本家の三谷幸喜は、この「恋人の間にある『親』というコミュニケーションの壁」というシチュエーションが現在無意味となってきているため、過去の台本の価値が下がってきていると言っているそうです。

また、私自身地方出身であり、近所の人はみんな親の代以前から知っているという環境で育ったため、都会の少子化・核家族化で地域との交流がない状況では、社会人とのコミュニケーションの絶対量が少ないと実感しています。社会人とは言い換えれば広告人にとってはクライアントにも消費者にもなりえる人たちであり、その人たちとコミュニケーションをとったこともない人が、いい広告人になれるはずがありません。

広告業界のOB・OG訪問をするのも重要です。しかし、学生のみなさんは、そもそも社会人とのコミュニケーションが全く足りていません。**OB・OG訪問よりももっと重要なのは、できるだけ多くの社会人と話しておくということです。**

どんな会社の人でも構いません。できれば係長・課長・部長といったポジションの人とたくさん話してみてください。広告業界ではなく他の業界の人と話をすることは、将来のあなたの広告人としての仕事をイメージさせます。広告人になれば、プレゼンテーションは最後の社長プレゼンまで現場がやるのです。この業界にOB・OGがいなくても、この観点に立てば、意義のある就職活動はいくらでもできます。今すぐ自分の両親や親戚に相談し、紹介してもらってください。話した数だけ、広告人としてのイメージが湧くでしょう。

そして、**一度あなたの付き合っている人の両親とも会ってみたらどうでしょうか**。この局面でのコミュニケーションを工夫しない人はいません。追い込まなければブレイクスルーできないこともあるのです。これは最初の1回が重要です。ぜひ、チャレンジを。

両親と話をしておかなければいけないもう一つの理由。

「OB訪問・OG訪問より、大事なこと」で、就職活動の際、社会人とのコミュニケーション力を養うため、OB・OGだけでなく、まずは自分の両親や彼女の両親と話をすべきだと書きました。

しかしこれ以外にも両親と就職の状況を十分に共有すべき理由があります。それは**「採用担当が自宅電話に掛けてくる可能性」**です。

今でこそ学生への連絡手段として携帯電話が公認されてきましたが、現在も固定電話を履歴書に書かせている場合も多いでしょう。緊急時などなんらかの理由で採用担当があなたの自宅に電話を掛ける可能性を否定できません。

そのときあなたがその会社のことを両親と共有していなかったらどうなるでしょう。あなたの両親がぶっきらぼうな出方をしないとも限りません。ベンチャー企業など無名であればあるほど、その可能性が高いといえます。

また仮に情報を共有していたとしても、両親が好意を抱いていないということも考えられます。採用担当が自宅に掛けた電話にそのような親が出たら敏感に感じ取るものです。

選考中の会社のことを両親ときちんと話しておくことは、**特に自宅から大学へ通っている女子学生と、地方大学へ自宅から通っている男子学生に重要**です。採用試験も最終段階になってくると、本当にその学生が入社してくれるかどうか、会社は確信を得たいものです。それが自宅女子学生や地方学生だと、本人の意思以外にも家族の同意や支援が得られているか、気にするのは当然のことでしょう。

きちんと親と話ができているかを確かめるには、自宅に電話をしてみるのが一番です。そのような時のためにも、やはり学生は両親とは話をしておかなければいけません。特にある程度選考が進んだところは必ず報告をしておくべきでしょう。そして万一電話がかかってきたら、とにかくていねいな対応をするようお願いするしかありません。

人事からかかってきた電話に母親が「あ、＊＊＊さんですね！　大変お世話になっております。娘（息子）が御社のことをいろいろ聞かせてくれました」などと、ちょっとでも言ってくれれば、あなたの内定をどれだけ後押しすることができるでしょう。あまりウソくさいのもいかがなものですが（苦笑）。しかしそれだけきちんと親と話ができていることがプラスの評価につながることは間違いありません。

就職活動の最初の登竜門は、どうやら家の中にあるようです。

社会に「正解」はない。

OB・OG訪問で「面接で～してもいいでしょうか」「面接で～と言う方がいいでしょうか」という質問をする学生は結構います。この質問だけでも、その学生が社会人になることをどれだけ理解しているか感じることができます。

高校や大学受験では「答え」と言えば「正解」のことを指します。それは学問（入試）という客観的な価値基準があるから成立する概念です。同じ答えをどんなに多くの人が選んでも正解としての価値には変わりません。

しかし**社会での「答え」はあくまで「考え方」の一つであり、受け取る側に立てば「判断材料」の一つ**に過ぎません。しかも多くの人が同じだからそれが正解とも限りません。戦略的な観点から人と同じことをしない、同じ考え方をしないという選択もありえます。前述のような狭い範囲の二者択一の質問は、自分がその採用責任者でなければ答えられるわけがありません。いや責任者ですら答えることはできません。

就活は自分自身と向き合う活動です。それにもかかわらず自分自身のことについて「正解を教えてくれ」という姿勢が見え隠れする学生には、とても残念な気持ちになります。「正解がある」という前提自体、学生意識丸出しだと知るべきです。

冒頭の質問では、例えば「私は……と思っているのですが、どのようにお考えになりますか」など、言い方ひとつで社会人としてのコミュニケーションにもなります。「正解などない」ということだけをきちんと認識すれば、どのような聞き方が適切か、自然に分かってくるのではないでしょうか。

回転しないカーナビ。

私の出身ゼミは現在ＧＩＳ（地理情報システム）で有名であり、私自身もかつてインターネット地図サイト「マピオン」と仕事をしたほど地図に縁が深いのですが、はずかしながら私の車にはまだカーナビを搭載していません。タクシーに付いているナビはよく見ますが、自分自身のナビ体験としては、数年前休暇で行った沖縄でナビ付きレンタカーを借りたのが最初でした。

カーナビのおかげで地名も読めない沖縄の土地に一発で到着することができましたが、私にとってそのナビは何か違和感がありました。それはカーナビが進行方向に対して常にまっすぐになるように地図を回転させるために、今自分がどこにいるのかさっぱり分からなくなるのです。実際音声だけを頼りにしました（それが運転マナー上は正しいのですが）。

地図に慣れていると「北が上、東が右」などの地理感覚が固定されます。そのような人はどこからどこまで行くという行為は「西へ行く、北東へ行く」という形で大まかに理解します。このため地図が回転すると訳が分からなくなるのでしょう。もちろん必要に応じて地図をひっくりかえしたりしますが、基本は方位を固定したいと感じます。実際職場の何人もの同僚も「慣れるのに時間がかかった」と言っています。

このことをマピオンの友人に話したら、「それはマピオンにはまり過ぎです」と笑っていましたが、その後彼はきっぱり「私は地図が回転しない設定にしています」と言いました。カーナビにはそんなオプション機能があるのか！　さすが地図の達人。しかしどれだけの人がそんな設定にしていることでしょう（苦笑）。

ビジネスでは「ロードマップ」という言葉が使われます。まさに「道路地図」という意味ですが、ビジネスの世界では「スタートからゴールに至るまでどのような通過点を通るかの計画」を意味します。ロードマップではそれぞれの通過点でバタバタすることなく、今どこにいるのか、あと何が残っているか、**ゴールを目指す上での大局観をもたなければいけません**。

就職活動でも「ロードマップ」は重要です。カーナビのような個々に最適化されたアドバイスに右往左往していると、ゴールの方向を見失い、ゴールとの距離感も分からなくなることになりかねません。**ゴールの位置を固定した自分自身のロードマップをつくり、目標と現在位置をいつでも確認できるようにしてください**。「話を聞かない男、地図が読めない女」というベストセラーがありましたね。女子就活生は要注意？

コラム 広告業界のこと

広告業界は、「マスコミ」か？

一般的な会社のジャンルでは、広告代理店は「マスコミ業界」に入っているようです。しかし、これは正しい分類なのでしょうか？

マスコミ業界とは、一般的にはメディア会社群（主にTV、ラジオ、新聞、雑誌）、およびそのコンテンツを制作する会社群（制作プロダクションなど）のことを言い、第一義的には前者のことを指すものと考えられます。

一方、広告代理店の基本構造を極めて単純化すると、「マスコミ各社の広告枠を、クライアントに販売する」というものであり、マスコミは商品の仕入先ということになります（厳密には仕入販売とは違いますが）。しかし、仕入先がマスコミであるということで、自分自身がマスコミ業界といえるのでしょうか。このような定義であれば、コーヒー豆を仕入れている専門商社は農業になり、家電製品を販売している量販店は電機業界となります。

また広告枠という商品は、仕入れた後は誰にどれだけでも販売していいコーヒー豆や家電製品と違い、掲載する広告主自体の審査や広告表現の校閲、また臨時ニュースなどで枠を飛ばしたり（＝予定の広告掲載をメディア側からキャンセルする）、クライアントにとって都合の悪いニュースを掲載・放送することもあります。すなわち、マスコミ業界は元来「ジャーナリズムを核とした、公共性の高い」業界であり、メディア会社の持つ「広告枠」という商品は、残念ながら、公共性やジャーナリズムの前には二次的な位置付けなのです。

広告業界は、「消費者へのインサイトとコミュニケーション力」がコアの価値である一方、極めて「B to B（Business to Business 企業間の取引）」色が強いという特色があります。マスコミのように直接コアな読者・視聴者を抱え、番組で流れた音楽が爆発的に売れるといった力を、広告業界単体では持っていないのです。したがって、クライアントの多くは広告業界をあくまで「サービス業」と認識しています。

広告業界を「マスコミ」と位置付けることは、ほとんど伝統的な分類であり、多くの学生がTV業界と同列で広告業界を見ているようです。しかし、広告とメディアの立ち位置の微妙な違いを十分に理解せずに、派手で面白そうな業界ということで志望し入社試験に臨んだとしても、少なくとも広告業界にはまず入社できないと確信しています。

本書では、志望する学生の方々に広告業界を、

「クライアントのコミュニケーション課題を解決する総合サービス業」

と認識してもらいたいと思います。

そして、「TV／商社／コンサル／広告」といった「合コンつながり（!-）」での就職活動ではなく、コミュニケーションのプロがもっとも力を発揮できる業界として様々な広告会社を研究し、挑戦していってほしいと思います。

しかし、広告業界もマスコミ業界的な感覚が要請されています。公共性の高いメディア会社にとって、「広告も視聴者・読者にとって有益な情報の一つである」という大きな建前があるからです。消費者への有益なメッセージをメディアに載せるのが広告代理店の役割であるとすれば、クライアントの信頼性を広告会社が担保する必要がありますし、表現についても役に立つことや楽しいことをきっちり伝えなければならず、消費者に誤解を招いたりミスリードしたりしてはいけません。

また、マスコミという社会に不可欠なインフラを存続させるためにも、広告業界の立場はとても重要になります。クライアントの利益とジャーナリズムの調整という、とても困難な仕事を、コミュニケーション力で遂行していくのが広告業界のミッションです。

このコラムをきっかけに、広告業界とマスコミ業界の関係を皆さんなりに一度きっちり考え、面接に役に立てて下さい。

2

エントリーシートは、期末試験ではない。

エントリーシートは、期末試験ではない。

エントリーシートの提出時期になると、学生から「エントリーシート書いた?」というノリの話がよく聞かれます。これは、**「期末試験対策した?」「やっべー、まだだよー」という会話と同様のレベル**の感じがしてなりません。

内定する、ということは、役員面接に通過することです。途中で何回エントリーシートや筆記や面接に通過しようと、役員面接で落選すればなんら意味はありません。

はっきり言いましょう。広告業界では採用倍率から考えても、**エントリーシートで「かつかつ受かる」レベルの人が内定することはありません**。じゃんけんに4回連続で勝てば内定、という訳にはいかないのです。

SPIのような筆記試験を別にすれば、広告業界の採用試験のすべてのフェーズは同じ「コミュニケーション力」の競技です。**甲子園で本気で優勝を目指すチームは、地区予選の初戦突破に特別な対策を練ることはありません**。手を抜くことなく、優勝するための練習を生かし、普段どおりの試合をするだけです。

人事幹部や役員との面接の場で、どう自分が会社に貢献できるかを説得し、相手に納得してもらうかを徹底的に追求する。これだけでなく実際に仕事で活躍するために、あなたがしなければならないことです。徹底的に考え、自分なりの結論を得たのなら、エントリーシートはその一部分として必ず簡単に書けます。

広告業界は常に「競合プレゼン」に晒されており、「完勝」を目指して全スタッフがそれぞれのパートで全力を挙げます。一度でもベストを尽くしたことのない人には絶対に通用しない業界です。

内定を手にする学生は、大学の試験でいえば「全優」を狙うレベルで努力している人と言えるでしょう。単位は試験対策程度で取れるでしょうが、内定はエントリーシート対策程度では遠く及ばないのです。

普段の試験対策の「ノリ」でエントリーシートに取り組んでいる学生の方がいれば、まず心構えから考え直してみてください。今ならまだ間に合うかもしれません。

※このコラムは、地方の就活生に贈ります。中途半端にエントリーシートに通っても、最後まで駆け抜ける力がなければ、途中の莫大な移動費用が無駄になります。役員面接まで一気に通過するつもりで、十分自己革新して臨んで下さい。

誤字・脱字は、致命的。

ホームページを作っていると、いつでも文字が直せるのでついつい誤字に寛容になってしまいます。あえて誤字で書き込む特殊な掲示板もあるぐらいですし。

しかし広告、特に印刷に関係する仕事にとって、誤字脱字は致命的です。不動産広告やスーパーのチラシでゼロが一桁違うだけで台無しになります。インターネットでも、ゼロを一つ少なくして大赤字となったネットＰＣ販売もありました。さらには誤字だけでなく言葉の誤用についても極めて敏感になる必要があります。

広告物の内容についての最終責任はクライアントにあります。ドライにいえば、誤植の責任は校了したクライアントにあるといえます。しかしクライアントに対する納品物の最終責任は代理店の営業にあります。不完全なものを納品したということで、代理店が責任を取らされるのは必至です。

誤字の多いエントリーシートを見ると、この学生と仕事をするのは「危険」だと感じま

す。基本的な日本語の教養のない人に、印刷物の校正、ひいては営業を任せることはできないのです。

ＥＳは事前に提出することのできる唯一の試験科目です。何を書こうと自由ですが、誤字脱字だけは十分チェックしてください。

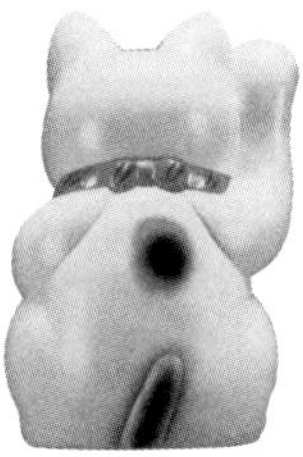

「おかしいです」は、おかしい「です」。

エントリーシートの文章は、多くの場合「だ・である」体ではなく「です・ます」体が望ましいと、私を含めた複数の広告労協スタッフは共通見解を持っています。エントリーシートは目上・先輩が見ることが確実な書類であり、丁寧な文体のほうが印象がいいのは当然のことです。

しかし「です・ます」体にするときの鬼門が、「です」です。

もともと「だ」の丁寧語が「です」です。「だ」という語尾は「そうだ」「10時だ」といった断定以外に、「大変だ」「静かだ」といった「形容動詞」の語尾につかわれ、そのまま「です」に言い換えられます。

断定………そうだ。10時だ→そうです。10時です。○
形容動詞…大変だ。静かだ。→大変です。静かです。○

ところが「長い」「おいしい」といった「形容詞」には語尾に「だ」がつきません。したがってそのまま「です」をつける言い換えは不適切、もしくは稚拙なものになります。

形容詞……長い。おいしい。→長いです。おいしいです。×

また形容詞ではありませんが、エントリーシートに頻繁《ひんぱん》に見られる言葉として

「したい。」→「したいです。」×
「なりたい。」→「なりたいです。」×

が挙げられます。

このような言葉は小学生の作文でよく見られます。それを大学生が使うのには、敬語ができていないのと同じぐらいがっかりします。もしかしたらこの言葉が幼稚であるという意識自体がないのかもしれません。それほど現代には丁寧な言葉遣いをする機会が少ないのでしょう。

では何と言えばいいのか。それは形容詞や「したい」などの言葉で終わる文章を極力避けるしかありません。例えば、

私は海外の経験が長い──→私は長く海外にいました／私には長い海外経験があります。

という言い換えが考えられるでしょう。

特に**主観的な意見は「～と思います」と結ぶ**のがよいと思います。例えば、

○○ビールはとてもおいしい──→○○ビールはとてもおいしいと思います。

将来は営業になりたい。──→将来は営業になりたいと思います。

というように。

という私も、話し言葉ではおかしい「です」を乱発します。これは「です」をつければなんでも標準語になると思っている九州人の特徴です……。

「位置」より「幅」。

自己PRに、サークルやボランティアの経験による「自分の成長」を書いてくる人はとても多いようです。しかし、エントリーシートはあなたのもともとの背景を知っている両親や親戚、旧友にアピールするのではありません。相手は、初対面の社会人です。

現実の選考では倍率が高いこともあり、成長ではなくあなたがどの位置にいるか絶対的なポジションが勝負になります。広告代理店は社員を教育するメソッドが少ないので、特にこの傾向が顕著です。中途採用が多いこともこれを示します。

では、絶対的に高いポジションにいない人にチャンスはないのでしょうか。そんなことはありません。**成長の「幅」を「具体的」に見せればいい**のです。

TOEIC300点の人が、ネットで英語が使えない悔しさをバネに一念発起《ほっき》して800点までいけば、帰国子女の900点より評価する採用担当もいるでしょう。また引きこもりの人がボランティアサークルに接したことで一気に社会性に目覚め、今では引きこもりの子供の指導をしているという話は、面接官にもっと話を聞かせてほしいと思わせることでしょう。ここまで極端でなくても、表現方法一つであなたの成長はいくらでもイキイキとアピールできるはずです。

もともとほとんどの（文系の）会社は新卒者に具体的な経験を求めていません。なぜならば会社に入ってからの教育・経験の方が圧倒的に厳しいからです。あなたが会社・社会についていくことができるかどうか、自分で道を切り拓けるタイプなのか。ＴＯＥＩＣや資格など絶対的なポジションにいる学生より、成長の幅を経験した学生の方を期待する面接官も必ずいます。

今のあなたの位置を確認するのと同時に、過去の自分がどうだったのか、具体的に振り返ってみてください。成長の幅が小さいとすれば、まだまだ人生を変えるような経験が少ないといえるのではないでしょうか。

コミュニケーションの真剣勝負。

2002年から始めた広告労協のボランティアですが、2009年に初めて全聾（耳と口が不自由な方）の女子学生と知り合うことになりました。普段から「カフェテリア」という広告労協のチャットコーナーで学生と交流をしていた私は、労協登録メールで聾の方だと気づき、ぜひカフェテリアに来て友人を作るよう誘いました。当然のことながら文字だけのチャットコーナーではそんなハンディとは全く関係なく、普通に深夜まで仲間との会話を楽しんでいたようでした。

その後彼女が、とある就活関連のイベントに参加するということで、私もその場に行き話をしました。話と言っても当然ながら筆談です。タイピングでチャットするのと同じように、私が用意したノートに手書きの文字を書いていきます。

ひとしきり筆談した後、私が「手は疲れますけど、チャットと同じで便利ですね」と言う（書く）と、彼女は**「はい。あと筆談だと『言った、言わない』の問題がないんですよね」**と書きました。彼女にとって「言った、言わない」というのは社会で生活する上でのトラブルであり、書いてもらうことはそれを未然に防ぐ確実な防衛策なのでしょう。

この「言った、言わない」は、仕事のトラブルの代表例でもあります。どんなに口頭で話をしても、受発注に関連することは慎重を期してきちんとメールなどの書面で確認するのが常識です。特にイベントの請負などは、どこからどこまでを作業範囲とするか、不確定要素が発生したらどのように対処するかなどを、事前にきっちり決めごとをしていなければ、大赤字になることは避けられません。

本来は口約束でも契約は成立するのが日本の法律です。にもかかわらずビジネスで書面を重要視しているということは、ビジネスでは口頭のコミュニケーションが「軽い」ものとみなされているのかもしれません。私たち社会人もそのことをよく知っており、適当なことを口頭でいう人は少なからずいます。しかし私と彼女がしたような筆談では、きっとそんないい加減なことは言えないはずです。話すことと約束することが一致している筆談という手法は、実はコミュニケーションの真剣勝負なんだなぁと感じました。

考えが練られていない学生の話を聞いていると、その言葉の軽さに失望します。その話をエントリーシートに一言一句書きあげても「内容に間違いありません」とハンコを押せるような、自分の言葉に対する責任感を感じてほしいと思います。

私が用意したノートでの筆談は十何ページにもわたりました。「言った、言わない」の言葉にどきっとした私でしたが、読み返したうえで、そのノートはそのまま彼女に差し上げることにしました。

コラム SPI対策

高速掛け算メソッド「繰り上がり分離法」。

SPIは基礎的な「算数」が重要になってきますが、算数の基礎中の基礎といえば「加減乗除」です。しかし、ケタ数の大きな掛け算は繰り上がりが多く、計算間違いも多くなります。そろばんの心得のない私としては、繰り上がりを小さくメモしたり覚えたりして、次の九九の結果と足し合わせるのがとてもいやでした。それは九九のリズムと足し算のリズムが違うからです。

このことについて、私は中学1年生のときに、何をきっかけに発見したのか忘れましたが、画期的な掛け算メソッドを思いつきました。それは「繰り上がりの足し算と掛け算九九を分離し、最初に繰り上がりを含めて一気に九九の答えを書き出し、最後にまとめて足し算をする」という方法です。

原理は簡単です。

⑴それぞれの数字の掛け算の答えを、1の位は通

高速掛け算メソッド「繰り上がり分離法」。

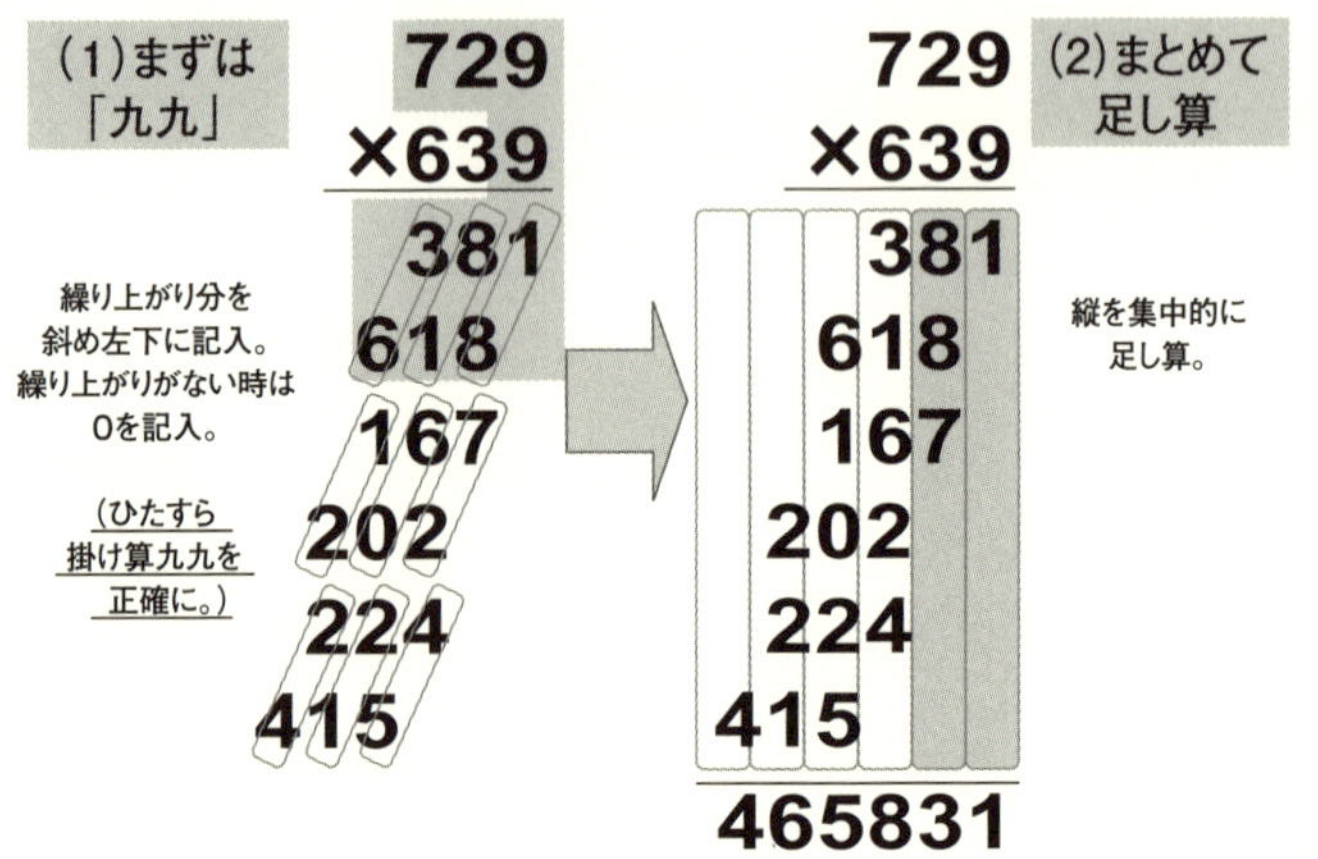

常の場所に、繰り上がりの部分をその左下にきちんと書く（繰り上がりをメモや覚えたりしない）。

(2)最後に縦に揃った数字を一気に足す（足して10になるものなどを探したりするとより早い）。

ということを実践するものです。

掛け算と足し算のどっちが計算しやすいかといえば、誰でも足し算に決まっています。一方掛け算も、九九だけをすばやく言うのは誰でもできます。この方法は結果的に、「掛け算の複雑さ」を、「足し算の複雑さ」に変えてしまうものであり、より速く、かつより正確にできると思います。実際私はこの方法で、ケタ数の多い掛け算が多く出てくる化学が全く怖くなくなり、計算間違いが激減し、しかも速く解けるようになりました。

1点の差が大きいSPIですので、是非この手法に慣れ、計算間違いを減らし、解答時間を短くしてください。もちろんこの方法は中学・高校・大学受験にも使えます。電卓・コンピュータの時代だからこそ、筆算が苦手にならないための手法として広く伝わっていけばいいなと思います。

読者からの感想(1)

A：女性／07年卒／関東

■ **感想** ■
　他の就職本とは違い、具体的な内容になっていて分かりやすさだけでなく、面白さも感じました。1つ1つのコラムの量もちょうど良く、読み易さも魅力です。これを常にバッグに入れて就職活動を楽しんでいこうと思っています。

■ **役立ったコラム** ■「新規開拓は、内定より難しい。」
　内定テクニック本だけを頼りに、業界分析もせず社会を知らない学生が大きなことを言うと痛い目に遭うことを再認識しました。しっかり、その業界、企業の状況を把握した上で自分のやりたいことを見つけていかなければと思いました。

B：男性／08年卒／関東

■ **感想** ■
　一つとして、興味を惹かれないものはありませんでした。

意識改革を迫られたものや、思いもしなかった視点で溢れていました。広告業界に限らず、就活生全員が読むべきものではないかと思い、友人数人に紹介したほどです。

　就活に関して、専門家ではなく企業人からの観点で書かれたご意見が、このようにまとまった形で伺える機会がもっとあると就活生全般の意識も変わるのではないでしょうか。

■ **役立ったコラム** ■「エントリーシートは、期末試験ではない。」
　ぐさりときました。図星だったのです。まさに今まで経験してきた試験のようなものとして就活をしていました。いかに要領よくやるかだけを考えていたように思います。

「全優」を狙う。とてもわかりやすい喩えでした。心構えから変えなければならぬと、常に言い聞かせ、自分を鼓舞しています。

3

「割り勘OB・OG訪問」のススメ。

社員の立場からの、OB・OG訪問論。

ＯＢ・ＯＧ訪問を受ける社員の立場から、「ＯＢ訪問するなら、こうしてほしいのになぁ」ということを書いておきます。

●できれば、シーズン前に来てほしい。

早めにＯＢ・ＯＧ訪問に来る人ほど、業界研究や就職活動への積極的な姿勢が見え、好印象なものです。またＯＢ訪問の時期がピークになってくると、受け入れる社員側も相当大変になり、おざなりになってしまうこともあるでしょう。

先んずれば人を制す。広告労協のサイトや、その他広告業界の情報に日ごろから接し、先手先手の活動を心がけましょう。

●グループでまとめて来てほしい。

ゼミの後輩として訪問するのであれば、あらかじめゼミの仲間や友人も含めて複数人できてもらいたいものです。会社の会議室も取りやすくなります。ただし、5～6人がせいぜいでしょう。

●最初は電子メールでコンタクトを取ってほしい。

広告会社の社員は極めて忙しく、スケジュール調整や込み入った要件は電子メールを使うのが基本になっています。また学生からの電話は、緊張していることもあってコミュニケーションのテンポが極めて遅く、忙しいときには後回しにしたいときもあります（といってもあんまり調子のいい電話も受けたくありませんが）。さらには、不在で「また電話します」というメモがあったとしても、数回行き違いになると社員側もプレッシャーとなります。

社員として一番都合がいいのは、**電子メールで最初のコンタクトをとってもらい、こちらから携帯電話か電子メールに折り返すというパターンです**。学生の皆さんがどういうOB名簿を見ているのか分かりませんが、電子メールが記載されているようでしたら、まずはメールでのコンタクトとしてほしいものです。

もしも電話しか分からず、相手が不在だった場合、**自分の携帯番号をメモで残してもらった上で、必ず自分からかけ直すと伝えてください**。会ったこともないのに折り返しを依頼するのは、ワン切り業者と同じです。

●自己紹介と志望動機は先に送っておいてほしい。

最初のコンタクトのときには不要ですが、実際にアポが取れた場合、必ずコメントすることになる「自己紹介」と「志望動機」については、あらかじめメールや郵便で送っておいてほしいと思います（エントリーシートが手書きの場合、Ｗｅｂエントリーと違う戦略を立てられますので、手書きのものを郵送するのもいいでしょう）。

いきなり送りつけるのも躊躇《ちゅうちょ》するでしょうから、メールや郵便に一言「貴重な時間をいただいていますので、自己紹介と志望動機については事前にお送りいたします。あらかじめごらんいただければ幸いです」といった言葉を添えるといいでしょう。

またこうすることによって社員への印象も格段に違い、より密度の濃いＯＢ・ＯＧ訪問になると思います。

●自分で調べてわかることは、聞かないでほしい。

インターネットが普及し、上場会社であれば事業・経営情報のほとんどがＷｅｂで閲覧できる世の中で、調べれば分かる質問をする学生は今でも確かに多く存在します。またそのような質問は社員側も回答を準備しておかなければいけません。社員は学生にテストを受けさせられているわけではないのです。

3 「割り勘OB・OG訪問」のススメ。

何らかの縁でOB・OG訪問の機会をもち、非常に短い時間でのコミュニケーションですから、私達をうならせるような印象的な質問の一つや二つしてほしいものです。質問の選び方、聞き方、あいづちの打ち方、反応の仕方などを総合して、私達はあなたたちの評価をしているのです。

●あなたの話も聞かせてほしい。

コミュニケーションの課題は一般論では解決できません。私達の仕事は、個々の課題を見極め、実践的な解決策を考えることです。

私達はコミュニケーション課題を解決するプロです。これが他業界よりもOB・OG訪問を重視すべきだと位置付けられている理由でしょう。私達は、みなさんそれぞれの受験上の課題に対し、直接アドバイスができます。話を聞くだけでは、大学の授業と同じです。むしろOB・OG訪問は、先輩を交えた「ゼミ」ととらえてもよいでしょう。OB・OG訪問の場では、あなた自身の課題を、不器用な言葉でもいいですから、私達に伝えてください。

●最終的な進路が決まったら教えてほしい。

OB・OG訪問という小さな縁でも、コミュニケーションを生業とする広告マンとしてはできるだけ大事にしたいと思います。人気業界でもありますので、ライバル会社に見事入社できたとしても大いに拍手を送りますし、また広告業界以外の会社に入ったとしても、取引先として関係が出てくる可能性も大きく、その後のコネクションも大事にしたいと思うものです。

電子メールでも結構ですので、最終的な進路については一言情報を入れてほしいと思います。

●社会人になったら、OB・OG訪問を喜んで受けてあげてほしい。

私達が社員として学生のOB・OG訪問を受ける上で一つだけ条件があります。それは、あなた自身が社会人になったとき、必ず学生のOB・OG訪問を受けてあげてほしいということです。

皆さんの経験は、私達のような年代よりもはるかに有益な情報を提供できると思います。社会に出てしまうと仕事が生活の中枢に来てしまい、ついつい世知辛《せちがら》い発想にまみれてしまいます。OB・OG訪問はもっとも気軽にできる、そして大きな影響を与えることができるボランティアです。ぜひ、学生のオファーは喜んで受けてあげてください。

「割り勘OB・OG訪問」のススメ。

学生・社会人にとっての、OB・OG訪問の問題点

OB・OG訪問が就職活動に重要なことは改めていうまでもありません。しかし、OB・OG訪問には、学生・社会人側にそれぞれ問題もあります。

〈学生側の問題〉

◎自分の先輩や縁故関係といった、偏ったコネクションでのOB・OG訪問になる。
◎たまたま会った先輩の話だけでは、視野が広がらない。
◎OB・OGがいない会社の社員に会うことはできない。
◎関係の薄い先輩を見出すのは困難。

〈社会人側の問題〉

◎一人相手にしようと、複数人相手にしようと同じ。別々に訪問される時間的負担の方

が大きい。

◎一方、複数の学生を相手にすると、食事やお茶代の負担もバカにできない。

◎関係の薄い学生から無秩序にOB訪問の申し入れがあっても困惑する。

特に、学生側も社会人側の問題点を認識しているために、遠慮することでOB訪問自体の機会が少なくなっているという悪循環になっているということも考えられます。

学生・社会人の間で、OB・OG訪問の「メソッド」を整備へ

しかし社会に出ようとしている学生に先輩たる社会人が協力するのは当然のことです。また、学生にとって就職活動に切磋琢磨《せっさたくま》できる仲間の存在が必要であり、さらにはそこでできた友情は一生モノとなっていることも多く見られます。

これらのことから、学生・社会人間のOB・OG訪問の「メソッド」を整備することが、学生のよりよい就職活動のために有効なのではと考えています。

ここでは、「機会」と「費用」をシェアする**「割り勘OB・OG訪問」**というメソッドを提唱します。

●「機会」の割り勘

◎4～5名程度の就職活動グループを作る。大学や性別が偏らないほうがよい。

3 「割り勘OB・OG訪問」のススメ。

◎一人の学生が開拓したOB・OG訪問に、全員で行く。
◎グループのメンバーはそれぞれがOB・OG訪問先を開拓する。
◎開拓できなかったメンバーは、他のメンバーに食事をおごる（笑）。
「4～5名程度」としたのは、社会人側の受け入れ人数の常識範囲と、学生全員が主体性をもって動ける人数の限界を想定したものです。

●「費用」の割り勘

◎窓口となった学生（幹事）は、「割り勘OB・OG訪問」という形で4～5名で同行することを申し入れる。食事・お茶代は、学生分については学生の「割り勘」であることを先方に伝える（「割り勘にするので、複数名で来るのを了解してほしい」と申し入れる）。
◎訪問当日は、幹事が小銭も含めて用意しておき、その場でかかった学生側の食事・お茶代を幹事が一括して支払う。学生間は後ほど精算する。

しかし、学生から「割り勘」といわれて、いったん断らない社会人はいません。社会人に「費用のことは気にしなくてもよい」と言われたら、

「『割り勘OB・OG訪問』は、機会と費用の2つを割り勘にすることで、多くの社会人

の方と会うための自主的なルールなのです。大勢で押しかけるご迷惑をおかけしますので、ぜひ費用は割り勘で負担させてください」

と、再度念を押してみましょう。快く受け入れてもらったとしても、複数名で来ることが先にわかっていれば、会社の会議室などをとり、会社のお茶などを出すなど、学生の費用が発生しないようにすることもできます。

また、**実際に外の喫茶店などで会った場合には、何を言われても学生分は自分たちで支払ってください**。そのためには、幹事が段取りよくお金を出してください。各人でメニューが違っても、だいたいの金額合算をさっと出しましょう。「経費で落とすから」といわれたとしても、そもそも本来経費で支払えることではありませんし、経費節減はどの会社も極めて厳しい状況にあります。したがって、結局相手はすべて自腹で支払うことになります。

このようなことを理解したうえで、**大勢で訪問させてもらったことを前提に、学生分は必ず自分たちで支払うという原則を貫いてください**。なお、社内で出たコーヒーなどに支払う必要はありません。

「割り勘OB・OG訪問」で、社会人の受け入れの拡大へ

この考え方は、広告業界へのOB・OG訪問に限ったことではありません。また、このような動き方を、すでに自主的にやっている学生もいるでしょう。

ここでは、むしろ**「社会人側に」学生の就職活動をもっと認識してもらい、協力・支援してもらうムードをつくる**ことを意図としています。このような形で申し込んでくる学生を暖かく受け入れてくれるよう、今後広まっていければと思います。

「フィルター」と「バネ」。

先日ある広告業界の方とお話していたところ「2次面接の面接官をやったことがあったけど、いやーみんな優秀でねぇ、3分の2ぐらいは一緒に働きたいと思ったよ」とおっしゃっていました。

私もその気持ちは非常によく分かります。「臨死体験」との定評がある広告労協の模擬面接ですが、過去2次面接以降で開催した模擬面接会では、資質でいえばそんなに差がないというレベルでした。

逆に言えばそれくらい**1次面接のフィルターは強烈**です。人気業界であればあるほどフィルターはさらに厳しくなり、2次面接から初めてじっくりとした人物評価を開始するのでしょう。

模擬面接で私が口にできる最大級のほめ言葉は「**1次面接で落ちるようなことはまずない**」というものです。このような評価に該当する人は現時点ではたいてい10％未満であり、

3 「割り勘OB・OG訪問」のススメ。

同席している他の模擬面接官やアシスタントと見解がぶれたことはかつて一度もありません。広告労協という存在を知り、自ら参加してきた学生を母集団として、この状況です。1次面接を通過するということは、**5〜10人のグループの中で誰も異論のないトップになる**ということなのかも知れません。

しかし過去の例を見ても、模擬面接でダメだった学生が見事内定を得た例は枚挙に暇《いとま》がありません。努力によって1次面接を通過できるようになった学生は、普通に通過した学生よりも勢いがあります。**その学生は1次面接の強烈なフィルターを自分に勢いをつけるバネに変えた**のです。前述のようにそもそも優劣をつけづらいと言われている2次面接（以降）ですが、このような学生がきちんと業界研究で企業観や業界観および職業観を身につければ、勢いがある分、他の1次通過者より輝いて見えることは大いにあります。

1次面接の壁を乗り越えるには、まずその壁がどれだけ高いかを認識することから始まります。自分の立ち位置を知り、その高さに絶望することなく不断の努力でコミュニケーション力を磨き、「同時に」業界研究を進めていってください。これを同時にできるのがOB・OG訪問に他なりません。

セカンドオピニオン。

「セカンドオピニオン（二つ目の意見）」とは一般に自分の健康状態や病状について掛かり付けの医師の意見を聞くだけでなく、他の医師の意見も聞くべきであるという考え方のことをいいます。

これは反対意見を聞けということではなく、**客観的立場からの意見も必要である**ということです。当然両者がたまたま一致することもあります。また客観的立場の意見の方を重視しろということでもなく、親身になっている側の意見がよいことも十分あります。すなわちセカンドオピニオンとは「**鵜呑《うの》みにしない**」「**自分で判断する**」**ための手法**といえます。

この考え方は極めて重要であり、現在では医療だけでなく、法律など専門的な知識を必要とする分野で広く使われています。

就職活動、会社選択に関してもセカンドオピニオンは必須だといえるでしょう。オーナー企業でない限り、意思決定は慎重な下調べと手続きに則った合議によってなされます。

3 「割り勘OB・OG訪問」のススメ。

しかし就職に関して言えば、あなた自身に「職業選択の自由」がある以上、**進路を決めるのは最終的にはあなた一人の判断**です。

ある会社について、その会社の社員の意見も、同じ会社の別な社員の意見も、ライバル会社社員からの意見も、他のライバル会社社員の意見も、それぞれは一オピニオンに過ぎません。親の意見や気持ちも一つのオピニオンです。

しかし**どれか一つの意見だけで重要な決定をすることは、自分自身に対して無責任な行為**といえるでしょう。相手もあなたの意思決定に対して一参考意見を述べたに過ぎません。本書のアドバイスも同様です。鵜呑みにしてもらっては困ります。

とはいえ2つの意見だけで焦点が結ばれるほど企業の評価は簡単ではないでしょう。3番目、4番目とオピニオンを聞いていくにつれ、だんだんあなた自身の視界ははっきりし、最終的にはこれらに自分自身どう向き合っていけるかという「覚悟」が加わることで大きな判断をすることができます。あなたの体のことはあなた自身が決めるように。

広告業界はそもそも表舞台にはでてこないため、OB・OG訪問が他業種より重要であるといわれます。今はあこがれで業界研究しているとしても、数多くのOB・OGのオピニオンと触れ合い、広告業界のこと、就職したい会社のことを自分自身で判断してください。

OB・OGは会社の代表ではない。

ある女子学生からメールで、以下のような相談がありました。

先日OB訪問をしたのですが、求める人物像を聞く際、「求める人物像を教えてください」と単刀直入に質問してしまいました。すると相手の方を困らせてしまい、自分の考えを明確にする情報も得られず、有意義なOB訪問とは言えませんでした。そのため、次回はどのようにすればよいのか悩んでいます。もっと的を絞って質問をすべきだとは思っているのですが、では具体的にどう絞ればいいのかが分かりません。

この悩みにアドバイスがあるとすれば、それは**「相手は会社を代表しているわけではない」**という点です。

そもそも会社を代表するのは代表権のある役員だけであり、会社の対外的な公式見解は

3 「割り勘OB・OG訪問」のススメ。

通常広報部門が一手に取り扱います。会社が行う説明会での内容は公式見解と言って構いませんし、会社が信頼して任命したいわゆる「リクルーター」であれば、その意見はある程度会社を代表していると考えてもよいでしょう。

一方OB・OG訪問でアポをとるような社員は、たまたまの縁で非公式に会うに過ぎません。しかし相手も非公式を前提に、個人的意見として会社説明会やウェブサイトにない情報を教えてあげようと思っているのです。そのような社員に会社の公式見解を求めても仕方がありません。「求める人物像を教えてください」のような聞き方は、相手を当惑させるに違いありません。

OB・OG訪問は、会いさえすればだまっていても相手の方から手取り足取り教えてくれるものではありません。それは**あなた自身が行うインタビュー形式の調査活動**なのです。そして**様々な人の意見を総合して自分なりの答えを導き出すことが最終目的**です。

したがってOB・OG訪問では、**あくまで相手の個人的な意見を求める姿勢を貫くことが、インタビューをうまく進めるコツ**です。具体的には、例えば相手が山田さんだったら、「山田さんが求める人材像は何ですか」「山田さんが仕事で心がけている点は何ですか」「山田さんは勤務先の強みと弱みをどうお考えになりますか」などと**相手の名前を出来るだけ質問に入れ込み、あくまで個人的な意見を聞いているの**だということを示すのが有効でしょう。

私がこのような学生に会ったら、喜んで何でも話してしまうかもしれません。そして相手が「もっといろんなご意見も聞いて自分の考えをまとめたいので、他の部署の方を紹介していただけませんか?」と言って来たら、好き放題言わせてもらった後始末として、もっと優秀な社員を紹介するかも知れませんね。

警備員に道を聞くこと。

広告労協Fさんが、広告労協の掲示板の「OB・OG訪問をするのだが何を聞いたらいいか分からない」という質問に、以下のような丁寧な回答を寄せていました。

OB・OG訪問の仕方の補足です。／広告労協F

社員を紹介する場合、「何を聞きたいか」で、「誰を紹介するか」が決まってくるので、その辺りを明確にして欲しいということかと思います。全てに答えられる社員もいないと思いますので、有意義なOB・OG訪問にするためには、目的を明確にしておいた方が良いと思います。

〈例〉

①志望職種について──→特定部署の社員

②選考について──→最近入社した若手社員

③社風について→一定年数その会社に勤務している社員
④勤務実態→基本的には志望職種の社員だが、女子の場合はそれ以上に同性が望ましい。
⑤会社の特徴→この項目は社員によって認識の違いがあるので注意。受験者側が捉え直す必要がある。単刀直入に「御社の強み、弱みを教えて欲しい」と言われて、客観的に答えられる社員は少ないです。特に弱い部分を社員が認識できているかは難しいです。

このFさんの書き込みを見て、**OB・OG訪問はうっかりすると「警備員に道を聞く」ようなもの**になっているのではないかと思いました。

会社の前や道路工事現場にいる警備員が近辺地理に詳しいとは限りません。しかし道に迷った人はなぜか「たまたまそこにいる」警備員に道を聞きます。この理由は3つ考えられます。

1つ目は**「なんとなくお巡りさんに似ているから」という全くの誤解。**

2つ目は**「ここで働いているのだから近辺のことを知っているだろう」という根拠のない期待。**

3つ目は**「そこにいるのが仕事なので、逃げずに話を聞いてくれるだろう」という都合のよい状況。**

一方の警備員側も、尋ねてくる人があまりに多いため、よく聞かれる建物などはすっかり覚えてしまったり多少自分で下調べをしたりして、できる限り答えてくれます。しかし人に感謝されるといい気分になるものであり、調子に乗ってよく知らない場所でも親切心で適当に答えたりし、その結果、人は余計道に迷ったりします。この場合でも、警備員に道を聞いた方の自己責任は免れません。

ＯＢ・ＯＧは先輩社員ですので、親切心で何でも答えてあげたいと思う気持ちがあるでしょう。しかし分からないことをきちんと分からないと言ってくれる人でなければ、鵜呑みにした学生がとんでもない迷子になる可能性もあります。原因はどちらにあるかと考えると、やはり**「適切な人に適切な質問をしなかった」学生側の自己責任**だと言わざるを得ません。

就活期間は短く急ぐ必要があるからこそ、目の前にいる人に意見を聞く機会は貴重です。これからＯＢ・ＯＧ訪問する学生はＦさんのアドバイスを読み返し、「その」ＯＢ・ＯＧ訪問の目的を明確化した上で、短い時間を有効活用できるよう準備しましょう。

またＦさんのアドバイスは、これまでのＯＢ・ＯＧ訪問を振り返る上でも重要です。あの時聞いた自分の質問は、そのＯＢ・ＯＧに適切だったのか、思い返してみてください。

コラム　広告業界のこと

IN とOUT。

広告会社では、INとOUTという言葉を使って、広告展開のパターンを表すことがあります。それぞれを組み合わせ、

IN―INは、日本企業の国内広告展開、

IN―OUTは、日本企業の海外広告展開、

OUT―INは、海外企業の国内広告展開、

OUT―OUTは、海外企業の海外広告展開

を意味します。

広告業界は一般に人気業界であり、同じく人気の総合商社と併願受験する学生も多くいます。総合商社は本質的に「海外と国内」を結ぶ国際的なビジネスであり、OUT―IN／IN―OUTの仕事の機会が多いと思われます。しかし、現状の広告業界は、巨大な国内市場をベースとしたIN―INまたはOUT―INの仕事がほとんどであるといえるでしょう。

英語が得意な人はOUT―INの仕事、すなわち外資系クライアントへのサービスで活躍する機会が多いと思われますが、海外に駐在するようなチャンスは総合商社に比べて圧倒的に少ないといえます。外資系といわれる広告会社ほど、海外には現地法人があるため、海外勤務という可能性はむしろ低いと思われます（海外出張は多いでしょうが）。

「海外で仕事をしたい」という希望を面接で話すのであれば、その会社がどれくらい海外展開をしているのか、実際に赴任している人が何人ぐらいいるのかを、あらかじめ調べたほうがいいかもしれません。

CMを海外で撮影したい、という程度の海外であれば、むしろ面接では言わないほうがよいでしょう。ただのミーハーと思われます。

4

圧倒的ムリ目な異性への告白。

圧倒的ムリ目な異性への告白。

志望動機を語るのに、学生の悩みは尽きません。大きなジレンマの一つは**「相手の会社の魅力」と「自分のやりたいこと」のどちらを柱とするか**、ということのようです。

具体的なＥＳや面接では、まずその会社を志望した理由を求められているわけですから、その会社の魅力について何も語らないというわけにはいきません。とはいえ会社の魅力は外から見たものでもあり、誰でも言えてしまう内容かもしれません。

答えはどちらか一方でなく、両者のバランスにあります。全体を10とした場合、「相手のこと」対「自分のこと」を7：3としたり、逆に2：8にしたりすることもあるでしょう。具体的にはどのような方針でこの配分を考えればよいでしょうか。

就職活動はよく恋愛にたとえられます。待っていても向こうから来ないのであれば、あなたの方から告白するしかありません。しかしその相手のタイプにより、告白の方法も違

4 圧倒的ムリ目な異性への告白。

ってくるのではないでしょうか。ここではあなたが男子学生と設定し、クラスやサークルで一番の美人の、いわゆる「ムリ目の女子」に告白することを想定してみましょう。

そのような女子はそもそも周囲からほめられていることが多く、むしろ面と向かってほめ言葉を言われることを嫌がるものです。「あなたがクラスで一番きれいだから」という理由を言われたところで、心を動かされることはないでしょう。

同様に、人気の業界で圧倒的ナンバーワンの会社があれば、その会社はありとあらゆる学生からほめられ、そして聞き飽きています。**一番良くないのは「業界でナンバーワンだから志望した」ということに終始することです。志望動機はあなたの想いを伝える競技種目であり、そこに誰にでも言える情報しか盛り込まないのは試合放棄とも言える**でしょう。

圧倒的にムリ目な女子に、ムリ目な会社。そのような対象には**まず「自分がどのように愛せるか／貢献できるか」を伝えるのが重要**です。「相手のこと」対「自分のこと」の割合で言えば、**圧倒的に「自分のやりたいこと」を重点的に構成すべき**でしょう。

しかし、私なんぞより恋愛の達人はもっと別な戦術を持っているかもしれません。それはその女子自身気が付いていない魅力や、まだ人に言われたことのない本当の自分の姿を、さりげなく伝えることです。就活でも同様に、**周りの誰もが言えるような内容や言葉でなく、相手自身が「よく気がついてくれた！」と思ってくれるような志望動機**が言えれば大いに有効でしょう。

圧倒的ムリ目、というほどでもない異性への告白。

先のコラム「圧倒的ムリ目な異性への告白」では、「相手の魅力」より「自分のやりたいこと」を特に重点的に構成すべきと述べました。では、圧倒的ナンバーワンの異性がいるグループの中で、二番手だけれどもいいところがいろいろある人への告白はどうでしょうか。同様にあなたが男性という状況で考えてみます。

ナンバーワンの女子だけがモテにモテまくっていれば、二番手の女子には誠実にただ好きと言うだけであなたに好意を持ってくれるかもしれません。しかし就職活動ではそんな女子（会社）でも、同時に何人もの男子（就活生）から言い寄られているという恵まれた環境にあります。

このような状況でその女子が相手を選ぶ基準は、主に**「自分のどんなところを好きになったか」**だと思います。したがってあなたがこのような女子（会社）に告白（志望）するのであれば、**「クラス一の子でなく、なぜその子を好きになったか」をはっきり言うこと**

が極めて重要です。特に大切なのは**「相手の内面を十分理解し、いいところも悪いところも含めて好きになった」**ことを伝えることではないでしょうか。

ＡＤＫや大広のように、上位2社ほど一般には知られていなくても、業界を研究していく中ですぐにその存在感に気がつく優良社はいくつもあります。そしてＯＢ・ＯＧ訪問、企業研究をすればするほど、その内面に学生を引きつけて止まない魅力がいくつも見つかるでしょう。個人的には、**「相手の魅力」対「自分のやりたいこと」のバランスは、5対5ぐらいがよい**のではないかと思います。

「本当はあの子と付き合いたいんじゃないの」と試されたとき。

志望動機を熱心にアピールした後に、「でも本音はもっと業界上位に行きたいんじゃないの？」という質問をされたら、どのように答えたらよいのでしょうか。

圧倒的ナンバーワンの女子がいるクラスでは、男子はお互いをけん制し合い、ちょっとかわいいぐらいの女性がもてることは、よくあるパターンです。就職活動でも同様で、広告業界で上位2社でなく第3位のＡＤＫを第一志望という学生は大勢います。

そりゃ超人気企業である上位2社に受かるのであればそちらに行きたいと思うのは本心でしょう。しかし**自分が付き合う・働く上で、「お互いが共感できる」点がたくさんあるような相手であれば、そちらの方が幸せだと感じる**のは極めて自然なことです。

「本当はあの（クラス一番の）子と付き合ってみたいんでしょ」と詰め寄られれば、完全否定する方がウソくさいでしょう。それはあくまで仮定の話であり、そもそも気持ちを確かめるただの意地悪質問に過ぎません。**まごまごしたり、だらしない態度をとったりする**

ことは、それまでの真剣な告白を一気に台無しにしてしまう恐れがあるでしょう。

就職活動の場でこの質問をされた場合、例えば以下のような答え方があるのではないでしょうか。

「**私は必ずしも上位2社の社風などに共感をするものではありません。**ただし、向こうの方から私の何かに共感してくれ、就職の機会を提供してくれるのであれば、**大変名誉なこととして自分の現在の気持ちにこだわらず先方様に行くと思います。**しかしこれまでの業界研究そして御社の研究を通じ、**私は2社以上に御社へ共感しており、そして御社も私に共感していただけるものと確信しています。**」

相手がこの答えで納得してくれれば、あとはお互いが共感でき得る間柄かどうかを確かめるコミュニケーションに入ります。先のコラムで、「相手の魅力」対「自分のやりたいこと」のバランスは5対5ぐらいがよい、と書いたのはこういう理由からなのです。

正直言って、相手をよく知らない場合。

その会社のことをよく知らないけれど、その会社に就職しようとすること。これを恋愛でたとえるのはさすがに難しい（苦笑）。

広告が好きで好きで、とにかくこの業界にもぐりこみ、そこからステップアップしようとする学生は多数います。このような学生を支援し続けてきたのが広告労協です。広告労協F氏も「広告業界は、努力すれば、自分なりの道が拓けてくる業界です。」「広告業界はステップアップが可能な業界です。」と言います。（http://homepage3.nifty.com/adunion/message.html）

しかし、もともと黒子的な存在の広告業界。業界研究・企業研究がいかに重要とはいえ、中小規模の広告会社のことを深く知るのは限界があります。そんな相手に「御社を志望しています！」と主張する学生も、後ろめたい気持ちがあるに違いありません。そして会社側もそのウソ臭さをウスウス感じているのではないでしょうか。

4 圧倒的ムリ目な異性への告白。

ここまで述べてきたとおり、志望動機は「相手の会社の魅力」と「自分のやりたいこと」のバランスが極めて重要なポイントです。今回のような中小規模の企業を志望する場合はどのようにすればいいのでしょうか。

本気でこの業界のどこかにひっかかってやろうと思っているのであれば、やはりある程度個々の会社を研究することは必要です。マス読や宣伝会議本、および各社のウェブサイトに書いてある情報ぐらいは読んでおくべきでしょう。しかし、OB・OG訪問のつてがないようであれば、もはやそれ以上の研究は難しいと言わざるを得ません。

この問いに対する私の答えは、**「相手の会社の魅力」対「自分のやりたいこと」は1対9で十分**だということです。しかし、**この1が極めて重要**なのです。

私がネット系ベンチャー広告代理店の役員だったとき、求人サイトに掲載した内容、および自社ウェブサイトに書いてある内容程度のことしか求職者に提供できていないなぁという後ろめたさがありました。一方、自社への志望動機を聞いた時に一応サイトを見たという程度の話をしてくれる人には、大変好意的な気持ちになった覚えがあります。そしてそれ以上の理解は、こちらから直接情報提供しなければムリだということも。

今回の場合は**「恋愛」というより「見合い」に近い**のかもしれません。最低限の情報を与え、お互い会ってから理解を深める。**見合いなんかしなくても苦労しない人と違って、それはとても控えめなコミュニケーションの始まり**です。だからこそ、その**最低限の情報**

を尊重してくれているかどうかが、会社のあなたに対する第一印象を大きく変えることになります。

とはいえ、成否を決めるのは残り9である「自分のやりたい」ことです。1についてはそう表現を悩む必要はなく、誰もが書く程度の内容で十分でしょう。**残りの9で、その会社の現在のビジネスフィールドをベースに伸び伸びと語り、そして少しはその枠を超えた夢に踏み込んでみて**はどうでしょうか。

志望動機と、きっかけは違う。

「志望動機と、きっかけは違う」は、私や広告労協F氏同様、長く広告労協のボランティアだった挨拶専用85氏が、2006年11月に氏のブログ上で発表した名作コラムです。このコラムに行きつけるかどうかで、学生の運命が変わってくるのではないかと思うほどです。原文はネットで検索すれば出てきますので、ここでは簡単に要約して紹介します。

氏は、学生の言う**志望動機が、多くの場合ただのきっかけを説明しているにすぎない**と指摘します。代表的な例は「私がいじめに遭っていた頃、AC（公共広告機構）の『いじめをなくそう』キャンペーンCMを見て、広告がいかに人を勇気付けられる力を持っているかを知りました。私もそのようなメッセージを作りたいと思います」といったものです。

しかし氏は「それでは短絡過ぎであり」、むしろ**「（職業として広告を目指す）理由を語るべき」**と言います。具体的には**「そのきっかけから（広告で身を立てようと思うに至るまで）自分がどう考え行動してきたかを、自分の言葉で説明しなければダメ」**としています。

職業として広告を目指すのであれば、そのビジネスの側面にまず注目すべきです。氏は「学生のいう『広告の人を勇気づける力』がそもそもどのように鍛えられてきたのか、公共広告と通常の広告とはどう違いどう同じなのか、そういった考察がなければ、志望動機はただの『願望』に過ぎない」と指摘します。そして「『願望』ではなく、『意欲』を示せ」、「『きっかけ』だけでなく『理由』をプレゼンせよ」とまとめています。

氏のコラムは、誰でもCMに影響された経験があるからこそ陥りやすいロジックを、見事に指摘しています。ACの例だけでなく、「居酒屋バイトで人と接してきたことから、多くの人と会える御社を志望しました」といった志望動機も、きっかけと志望理由の間に大きなギャップがあります。私が模擬面接官として学生の志望動機に不満をもった理由の大半は、氏の指摘にあてはまっています。

きっかけはとても大事です。氏も私もそれを否定するものではありません。業界としての志望動機といった枠の中では、あるきっかけから職業としての興味が広がったといったという内容でもよいかもしれません。しかし「**特定企業への志望動機**」を言うのであれば、**その願望は自分がその会社でどのように活躍していきたいかの意欲にブレークダウンしておく必要がある**でしょう。

その際、公共広告のCMを制作することがその会社で働いている姿としてふさわしいかどうかは、OB・OG訪問などを通じた企業研究ですぐに明らかになるはずです。

「当社で成し遂げたいことは何ですか?」

この問いは、例年大手広告代理店のエントリーシートでも聞かれているものです。毎年聞かれているということもあり、この会社がこの質問を極めて重要視していることがわかります。

この問いに取り組む上で一番重要なのは、「当社でやりたいことは何ですか」ではなく、**わざわざ「成し遂げたいことは何ですか?」と聞いている点に注目すること**です。「成し遂げたいこと」はもっと大きな、そしてもっと具体的なことが期待されていると考えるべきでしょう。言いかえるなら、**「あなたは当社でどんな夢を実現したいですか?」と聞かれているのと同じ**だと、私は考えています。

もちろんその会社で実現する夢ですから、**その事業を完全に逸脱した独りよがりのものでもダメ**でしょう。といって「人々に商品のことを知るキッカケを作りたい」といった、**ただ広告の機能を説明しているにすぎないような内容では、「あなたが」成し遂げたいこ**

とへの答えにはなり得ません。

また、会社で「成し遂げる」経験はそう何回もありません。**日常の仕事をこなすことや、例えば営業という任務を首尾よく全うする、ということでは、この答えとしては不十分です。**逆にいえば「成し遂げる」級の仕事は、そのチャンスを積極的につかみに行かなければ、いつまでたっても自分には回ってこない類のものとも言えるでしょう。

大きな夢を語り、社員として自らを磨きつつ、いつかその夢をつかんでやる。そんな姿勢が見られる答えを書いてみてはいかがでしょうか。会社に入ってしまうと、そんな夢も忘れがちになるものです。その会社は夢を実現するにふさわしい代理店であり、決して若い人の夢を笑ったりしませんよ。

5

「あなたが興味ある広告を3つ挙げてください」

「満員電車の中で一番不快なマナー違反は？その解決策は？」

これはある大手広告代理店の新卒採用試験２次面接で統一して聞かれた質問です。統一して聞いているということは、その答えが採用の可否を評価する上で重要なものであり、序列を決めやすいという目的があると思われます。

どのような意図で、どのような答えを求めているのでしょうか。

この質問は一見して小学校の道徳の課題のようですが、広告会社の入社試験で聞くということはどのような意図があったのでしょうか。

私見ではありますが、考察してみました。

たとえば「電車の中で携帯でしゃべる」を事例としてあげた場合、小学生的な解決案は「周りが注意してあげればいいと思います」「法律で禁止すればいいと思います」などになると思います。

しかし広告業界は課題をコミュニケーションによって現実的に解決することが仕事で

5 「あなたが興味ある広告を3つ挙げてください」

す。決して法律を作ることが仕事ではありません。この課題を考える上でも、

◎どんな原因があるかを分析……マーケティング
◎どんな表現で解決するか……クリエーティブ
◎どんな動機付けで解決するか……セールスプロモーション
◎どんなPRイベントを実施するか……イベント、PR
◎誰に対して提案するのか、キーマンはだれか……営業

というように、広告業界の持ちえる様々なノウハウ・機能で検討・提案していくことが大事でしょう。

自分が広告業界でどのようなことをしたいのか、これがはっきりしていれば、この問題に対しての答えはおのずと見えてくると思います。学生の業界への理解・志望度合い・解決能力を探る上で、良問といえる質問ではないでしょうか。

この会社では**「相撲をオリンピックの種目にするにあたってあなたがオリンピック委員会にする事は？」**という質問も投げかけています。この課題にどう答えるか、広告会社の機能を知ることから始めてみてください。

「あなたが上司になるとして、理想の部下はどんな人物ですか？」

これも、実際に大手広告代理店の面接で統一的に聞かれた質問です。やはり統一して聞かれるぐらい、とても良問だと思います。

この答えでもっとも重要なことは、**あなたの理想の部下像とあなた自身は一致しているべきということでしょう。**いいかえれば「あなたが面接官だとして、あなた自身を理想の新人として採用したいと思いますか？」という質問に等しいということです。

この質問は一通り自己ＰＲや志望動機を言わせた後に出し、どのような回答・反応をするかを見ていると思われます。自分自身をアピールさせるも、理想の部下を説明させるも、主観・客観の違いこそあれ、試験官の目的は同じ。何か別なことを聞かれているような反応では、あなた自身の芯の細さがばれることでしょう。

この質問は学生の本質を見る上で極めてよい判断材料になると思います。採用担当の方、学生の方、双方がこの質問に関して考えてみてはいかがでしょうか。

5
「あなたが興味ある広告を3つ挙げてください」

「野球、サッカーの次に来ると思われるメジャースポーツは?」

　これも実際に大手広告代理店で統一的に聞かれた質問です。そのスポーツが本当に次に来るかどうかというより、答えている**あなた自身がそのスポーツをどのようにプロデュースしていくかという姿勢を見ている**のではないかと思います。「来なければ、私が来させます」というぐらいの勢いで、地味なものをメジャーに仕立てるという気概が重要でしょう。

　もちろん独りよがりの論理展開ではだめですし、あまり専門に走るのもよくないことでしょう。むしろ実際に流行《はや》りそうなスポーツより、広告業界としてメリットがある、もしくはその広告会社にメリットがあるスポーツはなにか、という視点もよいかも知れません。テレビ映えする、キャラクター化しやすいなど、ビジネスの視点も加えることで、あなた自身をアピールすることができるのではないでしょうか。

　実はこの質問は、日本でも有数のキャラクタービジネスに熱心な会社で出されたものです。結構本気で考えているテーマかもしれませんね。

理系学生の「規定演技」。

「理系だけど何で広告？」

これは理系専攻学生が広告業界を受験すると「必ず」聞かれる質問です。私はこの質問がある分、理系学生はむしろ有利だと思っています。

面接の時間は限られています。その中に「必ず聞かれる質問」があるということは、**あらかじめ準備したものを必ず生かせる**ということを意味します。**理系学生は文系学生より規定演技が一つ多い**のです。

この質問で準備すべきことは2つあります。

一つ目は「**あなたの研究をだれでも分かる言葉やたとえで簡潔に言う**」ことです。

難しい技術をだれでも分かるようにアピールし、世の中の注目を集めていくことは、技術自身の利益や発展につながります。日本の広告主の上位はほとんどがメーカーであり、高度で複雑な技術を内包した製品を世に送り出しています。そのような技術や製品の素晴らしさを一般の人に伝えるためには、感覚的な才能だけでは不十分です。

自分自身の研究をど素人の面接官にもさらっと理解してもらえるようなたとえ方ができれば、**規定演技のうちの技術点**が評価され、広告に携わるものの必要な資質を持っていると思われるでしょう。


もう一つは、**「少しだけでいいので、専攻を広告への志望と結び付ける」**ことです。

個人的な考え方ですが、「専攻をやめ、新しい世界にチャレンジしたい」ということを強調するのは、面接では決してプラスには働かないと思っています。**規定演技での芸術点を放棄する**ようなものであり、面接は振り出しに戻るかもしれません。

研究内容自体のうまいたとえ方を考えるのと同時に、その研究や先生・先輩・同期などから学び感じ取ったことを、ほんの少しでいいので広告業界志望理由「の一つ」につなげていくことが、規定演技の芸術点につながると思います。

もちろん研究内容で志望動機を100％構成する必要はありませんし、そうしようとしても無理があります。こじつけでない何かをひとつだけでもぜひ見いだしておきたいところです。

「あなたの関心のあることを1つ挙げて説明してください」

この課題は広告業界に限らず採用面接で広く聞かれる質問であり、エントリーシートの設問にもよく見られます。この問いに答える時にはどのようなことに留意すればよいでしょうか。

①関心のあること＝ただ面白いニュース、ではない。

面接で聞かれる「関心」とは、あなたの興味の「領域」を指しています。面接官はあなたが普段どういう領域にアンテナを立てているのかを知りたいと思っているのです。

一番ありがちな失敗は「聞いたニュースをただ伝える」ことです。背景を知らずにただ覚えているニュースを挙げると、結局「とても面白いと思いました」ほどのオチにしかなりません。これでは小学生の絵日記レベルと同じです。しかしこのような回答をする学生は決して少なくありません。

「関心のあること＝面白いニュース」と考えるとパニックになってしまうものです。いったん「領域」であると気がつけば、「政治」「経済」「国際」「文化」「スポーツ」などいくらでもジャンルはあります。このままではさすがに大きすぎますので、あなたがある程度の情報量を持ち、多角的な視点から説明でき、最近のトピックまで挙げることができる領域までブレークダウンしてください。

面接で答える上でもっとも重要なのは、**その領域におけるあなた自身の様々な知見や考え方を示す**ことです。ひとつのニュースを例に挙げて話を導入してもよいでしょう。しかし実際に求められているのは、自分の関心領域の中でそのニュースをどのように受け止めたのか、どのような新しい発見やアイデアを得たかといったことなのです。もとよりそのような話ができる領域を選んでいるのですから簡単なはずです。逆に言えば、**「面白いニュースを１つ挙げてください」と聞かれても、それはあなたの関心のあることの中から選ぶべき**でしょう。

②相手にも関心をもってもらえるトピックを選ぶべき。

この質問において、挙げる関心事は完全に学生側にゆだねられているのでしょうか。私はそうは思いません。そもそもこの問いかけは、**その学生が社会人として取引先と話題づくりができるか、そして「情報感度が高い人だ」と思ってもらえるかの資質も見ている**と思われます。

ましてや広告、マーケティング、メディアといった業界では、いろんな領域に関心を持っていることが求められます。もちろんニッチな関心事をうまく話して新鮮な関心を寄せてもらえるなら大成功ですが、それができなければ、**あらかじめ相手にも興味を持ってもらえる領域を選んでおくのが、面接での配慮**と言えるでしょう。

広告業界を目指すものなら、「企業のブランド戦略」「ネットにおける消費者行動」「高齢化による消費者マーケットの変化」「メディアの昨今の動き」などには、そもそもアンテナを立てておくべきです。このような中から昨今のニュースと絡めて話せれば、この質問はとても簡単な課題とも言えます。

「あなたが興味ある広告を3つ挙げてください」

この質問で、広告業界に内定する力を持っているかどうかほぼ分かるといっても過言ではありません。

この質問に答える上で、3つの点に留意する必要があります。

●広告＝テレビCMではない。

この質問に答える際に最も重要なことは、**「広告＝テレビCMではない」**ということです。

「あなたの好きな食べ物は何ですか」と聞かれ、「カツカレーとメンチカレーとシーフードカレーです」と答えれば、相手はあなたをただのカレー好きだということしか分かりません、むしろカレーに執着している人物という悪印象を与えることでしょう。

同様にあなたが挙げる3つの「広告」がすべて「テレビCM」といえば、たとえテレビCMに多く携わっている広告代理店での面接だとしても、あなたを高く評価することはないでしょう。**クライアントが必要とするメディアは多岐にわたります。広告とは表現とメディアの組み合わせによって、はじめてその機能を果たすのです。**

過去に何度もこの問いかけをしてきましたが、３つともすべてテレビＣＭを挙げてくる学生は多数派といってもよいぐらいです。広告人を目指すなら、特定媒体での広告、特にだれでも挙げるテレビＣＭに片寄ることなく、普段からさまざまな媒体に目を向けておく必要があります。これは営業志望、マーケ志望、プランナー志望などにかかわらず共通の心得です。

●相手はどのようなタイプの広告会社か。

次に大事なことは、相手がどのようなタイプの広告会社か知ることです。**電波媒体をほとんど取り扱っていない会社でテレビＣＭやラジオＣＭの話をしても意味はありません。**新聞社系広告代理店では、媒体確保力のある新聞メディアが中心的な商材になり、場合によっては電波媒体を一切取り扱っていないこともあります。このような席で、テレビＣＭに拘泥《こうでい》した話をするのは逆効果です。面接官に「この学生の居場所はない」と判断されても仕方がないでしょう。

前述の通り、３つ挙げるということは媒体のバランスを考慮すべきです。テレビＣＭがひとつ入るのは極めて自然なことですが、**ほかの２つのうち少なくともひとつは、その会**

社の強みを前提とした選び方をしたほうがいいでしょう。交通広告に強い代理店なら駅ばりや中づり広告、セールスプロモーションに強ければ店頭広告（ＰＯＰ）や販促キャンペーンの仕組み自体でもいいと思います。

裏を返せば、この質問では、**あなたがその会社のことをどれだけ研究しているかを評価されていることになります。**

●プロを目指すものとしての視点を入れる。

３つ目は、**プロを目指すものとしての視点を入れる**ことです。

この問いかけはアンケート目的で聞いている訳ではありません。一緒に広告をつくり、世に出して行く人を見つけるために面接官は聞いているのです。どのＣＭの好感度が高いかなどは、ものの資料をみればすぐにわかることなのです。

なぜその表現を選んだのか、メディアを選んだのか、なぜその消費者層をターゲットしたのか、なぜそのタレントを選んだのかなどは、その商品のブランド、市場での位置付け、社会情勢など、さまざまな背景があるはずです。また広告自体でなく、メディアと接触するシチュエーションも計算して、広告は世に出るのです。

ただ印象深い、おもしろいというのであれば、消費者視点にたったコメントに過ぎません。粗削《あらけず》りでもいいので、自分がそれを作る、クライアントを担当するつもりで広告をみていく視線が必要です。もちろん背伸びする必要はなく、あなたの世代をターゲットした商品の広告で十分です。むしろきちんとその背景を理解できると思います。

以上の3項目をまとめると、

⑴広告＝テレビCM、ではない

⑵相手がどのようなタイプの広告会社か知る

⑶プロを目指すものとしての視点を入れる

となります。

先の2つの視点はただ気をつければだれでもクリアできることですので、**実際に差がつくのは3番目の視点**だと思います。「好きな広告は？」とせず、あえて「興味のある広告は？」と聞いてくる場合は、特にここに書いてあるニュアンスが大きいと思われます。

この問題に真剣に取り組むことで、これまで見えて来なかったことが見えてくるようになります。ぜひ本番前に時間を十分とって答えを用意しておいてください。

「あなたが興味ある広告を3つ挙げてください」(番外編)

最後に、この質問に関連して多くの学生から「(**好きな広告として**)**その会社が制作に携わった広告を取り上げた方がいいのか**」と聞かれます。この点についてあくまで個人的な意見を述べておきます。

どの広告代理店・広告制作会社が取り扱ったという情報は、普通に暮らしている間は表に出てきません。『宣伝会議』など一部の専門誌に小さく記載されているだけです。現役社員ですら全部を把握している訳ではなく、大手広告代理店になると、それが自社扱いかどうか知らないこともあります。それほど広告業界というものは黒子の存在なのです。

しかし実際に話題になっている広告であれば、この業界で働くものなら制作情報をどことはなく知っているものです。**このような広告はたいてい『宣伝会議』や『創』などに取り上げられています。**この程度の情報は学生といえども知っておいた方がいいでしょう。

広告の自社制作に熱心な会社では、専門誌などで、どの会社が携わった広告かをできる

だけ知った上で選ぶのが無難だと思います。大手広告代理店のように**新卒のクリエーティブ配属がある会社**では特にそうだといえるでしょう。なお**クリエーティブ希望なら制作社情報を知った上で話すことは「必須項目」**かもしれません。

このことを大前提に、候補の中にライバル会社の作品を挙げてもよいと思います。この場合「＊＊社の制作だと聞いていますが」と補足するとさらによいのではないでしょうか。このような言葉があれば、あなたがきちんと業界を研究していることも分かります。

自社制作に熱心ではない会社では、その会社の作品を探し出すのはそもそも困難です。そのような会社はたいていテレビへの出稿自体が少ないものです。したがって1番目、2番目の原則により、ＣＭだけでなく相手の会社がどの分野に力を入れているかによって挙げる広告を選ぶべきです。

しかしテレビやグラフィックと違い、セールスプロモーションなどをどの会社が携わったかの情報は、業界にもあまりありません（ＣＭ制作から類推はつきますが）。このような分野を選ぶのであれば、自社他社はほとんど気にする必要はないのではないでしょうか。

「あなたが興味のあるブランドを1つ挙げて、説明してください」

「ブランド」の理解は、広告業界、特に広告代理店を目指す上でもっとも重要な事項の一つです。この質問への答え一つで、その学生のレベルがほぼ把握できるといっても過言ではありません。そして**「興味のある広告」への質問とどう区別して答えられるかが肝心です。**

ブランドの意味とは、極めて単純化すると**「その名前（企業名・商品名）から相手が連想するイメージ」**と言えます。しかしその定義だけを知っていても、具体的に論じることは極めて困難です。一度はいろんな研究者やマーケターの書籍やホームページで研究することが必要でしょう。私はブランドの専門家ではありませんが、ブランドとはこのような見方があるということを複数紹介し、皆さんそれぞれがブランドに対する焦点をあわせられればと思っています。

以下は学生の答えの典型例です。ここから、その問題点を抽出してみます。

■Aさん：私の興味のあるブランドは「X」というアメリカのファッションメーカーです。最近日本に進出してきたのですが、雑誌では日本人トップモデルを使った広告を出しており、最近注目されてきています。かわいいデザインと機能的なところが好きで、私も週に1度は店に顔を出します。

■Bさん：私の興味のあるブランドは「Y」という車です。スタイリッシュなデザインにぴったりの有名タレントをイメージキャラクターに採用し、大量のテレビCMだけでなく交通広告なども使ったクロスメディアキャンペーンで圧倒的なブランド力を獲得していると思います。

■Cさん：私の興味のあるブランドは「Z」という最近発売された機能性食品です。ダイエットしたい女性をターゲットに、大豆を主原料としたローカロリー商品で、フルーツ味やプレーンタイプなど様々なラインアップがあります。広告も印象的で、コンビニでも大学生やOLがよく買っているのをよく見ます。

これらはすべて私が的外れまたは不十分だと考える答えです。以下そのキーとなる視点を説明します。

5 「あなたが興味ある広告を3つ挙げてください」

キーポイント①：ブランド＝ファッションブランド、ではない。

Aさんは躊躇《ちゅうちょ》することなく、自分がお気に入りのファッションブランドを挙げました。しかし広告代理店は様々な業種のクライアントのブランドを扱い、その価値向上を仕事とします。**広告業界の面接ではブランドという言葉は極めて広い意味で使われていると認識しなければいけません。**

ファッションブランドも立派なブランドですが、この場面でそれをあえて選んで論じれば、相手はあなたの「ブランド」の理解が狭い範囲にとどまっているかもしれないという疑念を持つでしょう。例えその内容が立派なブランド論だとしても、誤解を避ける意味で、**化粧品などを含め免税店で売っている海外ブランドのことを論じるのは止める方がよいと**思います。

キーポイント②：広告は、ブランド戦略の一部に過ぎない。

Bさんは最近よく見るCMの商品を挙げ、そのキャンペーンについて説明しました。実際、学生の答えとしてはこのパターンがもっとも多いようです。しかしこの問いで面接官がもっともチェックしているのは**「ブランド＝広告」という図式になっていないか、**ということだと思います。

「ブランド価値向上」は広告代理店に求められる最も重要な仕事であり、**広告はそのアウトプットのひとつに過ぎません**。したがって**ブランド論は広告論の上位にあるべき**ものです。「興味のある広告はなんですか」ではなく、「興味のあるブランドはなんですか」という面接官の意図を汲み取る必要があります。

もちろん広告表現によるイメージが企業ブランドのほぼすべてということもありえますので、広告を論じながら結果としてブランドまで踏み込めば十分かもしれません。しかし**就活生が取り組むブランド論では、むしろできるだけ広告のことを入れずに語るのが、うまくいくコツ**だと思っています。広告というアウトプットの背景にある企業のブランド戦略。それを読み解くのがこの質問への答えなのです。

キーポイント③：個々の商品は、ブランドの一部に過ぎない。

Cさんは特定の商品について論じています。商品を取り上げても間違いではありませんが、この内容では物足りなさを感じます。

ブランドと商品の関係は、作家とその作品の関係にあたると思います。村上春樹、吉本ばなな、宮部みゆき、東野圭吾など有名な作家のファンは、その新作が出ればすぐに買うことでしょう。もちろん個々の作品のよさがあってのことですが、作品群に一貫する発想・作風・思想・娯楽性といったイメージは、作家のブランドそのものと言えます。ある特定の作品のあらすじや面白い点を指摘するのは、ただの書評に過ぎません。

このように、**商品を深掘りするよりは、むしろその商品を送り出している企業の方に目を向けたほうが、ブランドを論じやすくなる**と考えています。もちろんその中で商品に触れることは重要ですが、その時にも**いろんな商品群の共通イメージに言及する**のが、ブランド論をくっきり浮かび上がらせるコツです。

ここまで、個別の回答例に対する論評という形で進めてきましたが、次は具体的にどのような視点で論じればよいかを述べてみたいと思います。

ハンバーガーに見るブランド論のヒント。

学生に「モスバーガーのライバルはどこか」「ロッテリアのライバルはどこか」と聞くと、間違いなく「マクドナルド」と答えます。逆に「では、マクドナルドのライバルはどこか」と聞けば、少し考えて「モスバーガー」や「他のハンバーガーチェーン全部」といった答えが返ってきます。そこには、「ハンバーガー」という市場に消費者ががっちり組み込まれており、その中でのパイの食い合いが存在するという思いこみがあるように感じます。しかしブランド戦略やマーケティングにおいて、ライバル関係はそんなに単純なものではありません。

確かにハンバーガー業界で2位以下の企業にとって、主要なライバルはマクドナルドと言えるでしょう。しかし同時にマクドナルドは「ハンバーガーチェーン市場」を牽引《けんいん》する業界リーダーでもあり、他社はその恩恵を受けている側面もあります。彼らは決してマクドナルドという会社が弱体化することを願っているわけではありません。そもそもハンバーガーというカテゴリーが選ばれなくなってしまえば、ハンバーガーチェーン業界全体が沈んでしまうからです。

逆にマクドナルドのライバルはモスバーガーなのでしょうか、それとも他のハンバーガーチェーン全体なのでしょうか。

私見ではありますが、**マクドナルドは「外食全体」という、さらに大きな市場で勝とうとしてきた**のではないでしょうか。この意味でマクドナルドのライバルにはファミリーレストランや、牛丼チェーンも含まれるわけです。特に同社が創業以来一貫してきた「家族」へのコミュニケーション戦略を見ると、ファミリーレストラン業界を大きく意識していたのではないかと思っています。

一方のファミリーレストラン業界はどうでしょうか。ファミリーと名がついているにもかかわらず今や家族というマーケットが離れていっており、業態自体が試練の時期に入っています。誤解を恐れずに言えば、**ファミリーレストラン業界全体が、マクドナルドほど家族マーケットに対するブランド育成のたゆまぬ努力をしてこなかった**ことが、その原因の一つなのではないかと思っています。

ここまで考えて最初を振り返ってみると、**マクドナルド以外のハンバーガーチェーンは「家族」というよりも「ビジネスマン、OL、学生」などを主ターゲットとしている**ように思えます。もちろんこれらはマクドナルドの主要ターゲットでもありますが、より集中した取組みをしている点で、**マクドナルドとのブランド戦略の違いが浮き彫り**になります。そう考えると、**２位以下のハンバーガーチェーンの主要なライバルはマクドナルドではなく、牛丼、ラーメン、コーヒーチェーンといった業界**なのかもしれません。

また「外食」産業全体も、不況の社会の中ではコンビニの弁当や総菜といった「内食」との競合にさらされています。**市場自体がいつまでもあると固執し、その中のパイの食い合いだけの戦略では、企業はとても生き残れなくなってきている**のです。

その企業は今どんなブランドを持っているのか。またどのようなブランドを目指そうとしているのか。それはその企業が「どの市場」で「どんなライバル」と戦っていこうとしているのかということと切り離せません。ブランドを論じる上では、

①まず企業を選び、
②どんな市場（ターゲット）で戦い（ひとつとは限らない！）、
③そのライバルが何かを想定し（同じ業界とは限らない！）、
④その市場でどのようなブランド（イメージ）を持たれていて、
⑤それがビジネスにどのような影響を与えているかを論じる

という順番で考えていくとよいと思います。

このような視点で企業のブランドについて考えを巡らせることは、その業界に就職を検討している就活生にも役に立つと思います。ハンバーガー業界という小さなカテゴリーで上位だからといっても、外食という産業の中でハンバーガーチェーンという業態がどのように生き残っていくのかにも思いをはせる必要があるでしょう。**ブランド論で選ぶ企業は、テレビＣＭで有名なところではなく、あなたが真剣に就職を考えたことのある企業を挙げるのがよい**かもしれませんね。

地方が背負うブランド。

04生の時代、広告労協F氏と一緒に初めて就職塾という試みをしたときに、最初に出した課題が「興味のあるブランドを一つ挙げて、その理由を説明してください」でした。その時学生からの「Fさんならどう答えますか?」という質問に、Fさんは少し考えて**「私は『東京』に興味があります」**と答えていました。

以前後楽園球場と呼ばれていた球場は「東京ドーム」に生まれ変わり、東京名所になりました。千葉県にあるディズニーランドも東京ディズニーランド、成田空港も新東京国際空港という名称です。もし「後楽園ドーム」という名前にしていれば、もしかしたら西武ドームが「東京ドーム」になっていたかも知れません。

「後楽園ドーム」と「東京ドーム」という言葉がもたらす印象の違い。F氏は**「東京」という言葉がもつ力強さはまさにブランドそのもの**だと言います。また彼は「トヨタ」や「ホンダ」などの有名商標と違い「東京〜」という形で誰でも社名などに使うことができ、安易にブランドイメージを作り上げるときにも使用されると指摘しています。そこにいた学生だけでなく、私自身もF氏の話に深い感銘を受けました。

5 「あなたが興味ある広告を3つ挙げてください」

「東京」は別格としても、少なくとも日本人なら**「〜出身」という言葉だけで何かしらのイメージを持つことになります。それはその地方の持つブランドそのもの**です。人は初めて会った人に出身地方を聞くことで、それまでの相手の人生の背景を「勝手に」想像します。それは想像される方が好むと好まざるとにかかわらず、聞いた側に「必ず」起こる現象です。「京都」「横浜」「神戸」など強烈なブランドを持っている都市や、「銀座」「六本木」のように国際ブランドの「一画」もありますが、多くは都道府県単位や東北や九州地方といった大きな単位でブランドイメージは存在します。

通常のブランドの定義と同様、いいブランドイメージも悪いイメージも、イメージがないことも、その地方の持つ固有のブランドです。**地方のブランドが向上することは、その地域の住民や企業に活力と経済的利益**をもたらします。観光資源がその地方のブランドを形成することが大半ですが、愛知県豊田市（トヨタ自動車）や静岡県磐田市（ヤマハ）など有名企業そのものがその地方のブランドの核となることもあります。またブランドのない地方は、人が移住することも企業が移転することもなく、地元の若い人も転出してしまい、高齢化・過疎化が進んでいきます。自治体の合併は、それぞれの地方にとってブランドを再構築する絶好のチャンスともいえます。

特に地方の広告会社を志望する学生にとって、地方のブランド向上はもっとも重要なテーマの一つと言えるでしょう。ぜひ具体的な意見を持って面接に臨んでください。

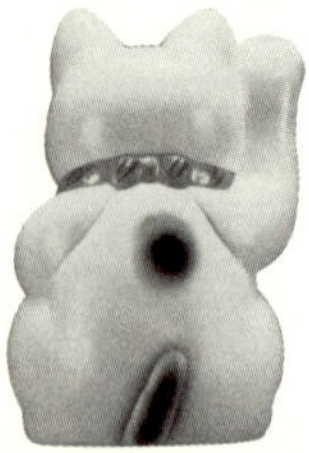

コラム 広告業界のこと

代理店と媒体社の、微妙な関係。

媒体社の本業は、多くの人に接触してもらい影響を与えることです。売上や利益という指標は原則としてその次に位置するものです。このため、媒体社は会社の資源をメディア価値向上に投下し営業リソースを極力小さくする代わりに、広告代理店にコミッション（手数料）を渡して取引をします。極論になるかもしれませんが、メディア運営のリスクは自社でとり、収入部門である広告販売はアウトソースするのが典型的な媒体社の経営と言えます。

一方広告代理店の本業は、クライアントの課題をコミュニケーション活動によって解決することです。したがってクライアントに選ばれなければ事業は成立せず「営業」活動がコアとなります。そのためのメソッドはクライアントに応じて臨機応変に選ばなければいけません。しかしメディアを「運営」するような事業リスクはありません。

このように媒体社と広告代理店では明確な本業の差があり、この図式だけで見れば、（通常のビジネス同様）お金を支払う側の広告代理店の立場が強いと思われます。

しかし実際はそう単純にはいきません。

●媒体社の立場が強い、日本の広告業界

日本の広告業界は新聞広告の「広告取り次ぎ」から発展したこともあり、歴史的に媒体社側の立場が強いものになっています。

広告代理店の本業が「クライアントの課題をコミュニケーション活動によって解決すること」であるとすれば、媒体社と取引口座があるかどうかが広告主への媒体提案の幅を決める重要な要素となります。当然代理店側はあらゆる媒体社と直接取引をしたいと考えるわけですが、媒体社側にとっては主に以下のような点で口座を持つか検討します。

⑴与信問題（万一のことで代理店の経営が揺らがな

いか）

⑵新規売上（新規の広告主を持ってこられるか）

⑶セルスルー（どれくらい現在の自社商品が売り切れているか）

⑷予算達成（媒体社が希望する金額をどれだけ積み上げられそうか）

銀行で活発な取引がないのに口座だけ持っている場合には利息どころか口座管理料が徴収されることがあるように、媒体も取引口座をむやみに増やせば営業リソースを食われることになります。

媒体社は当初より広告代理店という機能を前提とした事業スキームで設計されているため、上記理由のように「その広告代理店」と付き合いを開始することで総合的な売上の期待値を重要視する傾向にあると言えます。

「新しい広告代理業を立ち上げました。これから頑張りますので先に口座を開いてください」と言っても、人気媒体社ではなかなか受け入れられないのが現状です。また仮に口座を開いたとしても枠が限られている優良商品がすぐに割り当てられることはなく、セルスルーの悪い枠で実績を積む「ぞうきん掛け」からスタートすることになります。

聞こえは悪いかも知れませんが、強力な媒体であればあるほど媒体社サイドに優位な条件でビジネスが始まり、実績を積んで優良枠が割り当てられるようになってきた後も、常に「汗をかく（＝一定量の買い切りなど）」ことを求められます。これは最大手から中小に至るまで同じです。

しかしきちんと売り上げれば代理店と媒体社の双方に利益になります。媒体社が代理店に不人気枠もバランスよく拡販するよう言う様は、母親が子供に「好きなものだけ食べずに、出されたものは全部食べなさい」と言うようなものでしょうか。

●広告代理店の「媒体業務」とは……

これまで述べてきた通り、広告代理店はメディアに関してフレキシブルな対応をしなければいけない

5 「あなたが興味ある広告を3つ挙げてください」

一方で、メディアを必要なだけ確保できなければ提案が成立しません。また媒体社はフレキシブルな買い方をされても増収につながらないため、不人気商品をどう埋めていくかを代理店に求めていきます。

全く矛盾している2社の向き合い方を解決するのも広告代理店の仕事です。不人気枠の持つメディア特性を知り、そのメディアに合った広告主を「いち早く」探し当てる「知恵」と「行動力」が求められます。

代表的な例はテレビの深夜帯です。今となっては若者にとってテレビの深夜番組は当たり前の存在ですが、かつては番組も充実しておらず、一日の放送も今よりずっと早く終了していました。しかしコンビニの出現により生活が深夜帯まで伸びてきたこと、新進気鋭の番組プロデューサーや制作者が深夜帯で安いコストながら自由に番組を作ったことなどで、若い視聴者を中心に徐々に深夜ならではのポテンシャル（潜在力）を持つようになってきました。

このポテンシャルを最初に有効に使ったのはａｖｅｘなど当時の新興音楽レーベルです。もちろんコンビニ自身、さらにはコンビニまわりの商品を作っているメーカーも深夜帯に注目してきました。このようなポテンシャルにいち早く気づき提案をした広告代理店側は媒体社に二重の貢献をしています。一つはその当時の不人気枠を利益に転じたこと。もう一つはかつての不人気枠を人気枠に変えることで価値を上げたことです。

別なメディアの例として、交通広告における「学校」や「予備校・塾」の広告が挙げられるでしょう。2月と8月は「ニッパチ」と言われる広告閑散期であり、この月の増収を図ることが媒体社にとっても広告代理店にとっても大きな課題でした。

通常取引している広告主にニッパチのニーズがなければ無理やり買ってもらうことはできません。それならばその時期にこそ媒体ポテンシャルがある業種を考え出しアタックすることしか残された道はありません。

そこで出てきたのが「学校の広告」です。学校という法人はビジネス感覚が疎くそもそも広告出稿という考え方になじまない業種でした。もともと受験生に対して予備校が大々的に広告する、受験生に対して落とす立場の大学が広告するというのはタブーに近かったのでしょう。しかし少子化が進み、積極的に学生を獲得していかないと収入減や補助金打ち切りになる恐れなど、徐々に学校にも危機感が芽生えていました。同時に予備校や塾も同様の状況に置かれていました。そこに目をつけた広告代理店が比較的手配しやすい2月や8月の枠を使い、コミュニケーション戦略により業界のタブーを打ち破って、2月の応援広告や8月のオープンキャンパス告知といった需要を掘り起こしました。

もともと経済というものはゼロサム（金の取り合い）ではなく、新たな価値を生み出すことによって成長するものです。また媒体社にとっては枠がお金に転じれば劇的に収入増となり、さらにいい番組を作り出すこともでき、広告価値も上がります。そして貢献の大きい広告代理店とのリレーションが深まります。

広告代理店における媒体の仕事では、このようなダイナミズムに直接触れる機会があります。営業志望が大半を決める昨今の就活生ですが、メディアの仕事の面白さも、ぜひ研究してほしいと思います。

6

面接官の質問は、2種類しかない。

面接官の質問は、２種類しかない。

広告労協Ｆ氏とはもう長く付き合っている私ですが、彼が模擬面接などで学生を指導するときの話を聞いていると、氏の深い洞察力と言葉の重みに私自身も深く感心することが多々あります。その中でも私がもっとも素晴らしいと信じているアドバイスを紹介します。それは**「面接官があなたにする質問は、２種類しかない」**というものです。

面接官があなたにする質問は、大別すると**「あなたのことをもっと知りたいからする質問」**と**「あなたの言っていることが分からないからする質問」**に分けることができます。そして**前者はあなたにとって「いい質問」、後者は「悪い質問」**となります。

就活生にとって面接の目的は、自分自身のことを面接官に知ってもらうことです。したがって、あなたの話は自分自身を魅力的に見せる内容に終始したいところです。ところが実際のやり取りでは、**面接官がどうでもいい点に興味を持ってさらに質問してきたり、あなたの使った言葉自体を知らず意味を聞き返したりする**ことがあります。

6 面接官の質問は、2種類しかない。

うっかりすると、ある映画がどんなストーリーでどの俳優がよかったというような、あなた自身のこととはあまり関係ない内容で多くの時間を費やしているかもしれません。また自分の専攻や論文テーマなどをなかなかうまく説明できず、何度も聞き返されることもあります。あなたが時間をかけてやっと納得してもらうのは、あなたの人物像ではなく、その学問がどのようなものかということだけかもしれません。**「面接ではとても盛り上がったのに何で落ちたのか分からない」という経験**はどんな就活生にもあるようですが、振り返ってみると、こういう原因に思い当たるふしがあるのではないでしょうか。

面接官も採用面接のプロではなく、お互いが描く理想どおりに話が進むとは限りません。就活生にとって重要なことは、**今質問されていることがどちらのタイプの質問なのか、常に客観的に判断すること**です。そしてそれが「自分の言っていることが分からないからする質問」だと感じたら、**長く説明するのではなくむしろ簡潔に表現するように、話しながら方向転換をすべき**です。それでも相手がしつこく聞いてくるようであれば、早々にその話にけりをつけたりさりげなく新しい話題を含ませたりして、**「自分のことを知ってもらうための質問」に切り替えてもらうよう、暗に相手を促しましょう。**面接官もいい質問をしたいと思っているので、その気持ちはきっと伝わるはずです。

このF氏のアドバイスは、就活生にとって面接本番での大きな羅針盤になります。面接官の問いかけが「いい質問」か「悪い質問」か、話をする前にちょっとだけ落ち着いて考えてみましょう。そして「悪い質問」が来たら、あなた自身が落ち着いて舵を切り「いい質問」への航路に戻してください。

「質問は、２種類しかない。」この言葉を、面接の前に念仏のように唱えてみれば、不思議と落ち着くかもしれませんよ。

あなたを動物にたとえると、何になりますか？

「あなたを動物にたとえると、何になりますか？」こんな質問例がよく就活本にあり、実際にも聞かれることは少なくないようです。しかしこの質問は現在一人歩きし、妙なことになっているのではと思っています。

面接の開口一番、「私はヘビのような人物です」や「私は、納豆です」といったたとえ話から入る学生は多数います。もちろん自分のことを短く表現し切ることは重要であり、その際適切なたとえ話が有効なときもあるのは事実です。ただし、それを初対面の人への最初のアピールポイントで入れるのはいかがなものでしょうか。

逆を想定してみましょう。面接官があなたの普通の自己紹介を聞いた直後に「では、あなたを動物にたとえると何ですか？」と聞くでしょうか。そして万が一本当にそう聞かれたら、あなたは「なんでいきなりそんなこと聞くのだろう」と不思議に思うことでしょう。

この感じは、そのまま面接官側の感覚にあてはまります。**「最初の自己紹介で分かりや**

すぐ言う＝自分を何かにたとえればよい」と短絡的に考えるのは、極めて安易なマニュアル的発想、いや、マニュアルの読み違いと言えるでしょう。本来「～にたとえると？」といった問いかけは、とっさの機転を試したり反応を見たりするための「突拍子もない質問」であり、それを面接の最初に入れるのは、まさに**「突拍子もない自己紹介」の印象**を否めません。

その自己ＰＲはあたかも、ヘタなお笑い芸人がいきなり誰も理解できないギャグや使い古されたダジャレを叫び、その後なぜそれが面白いのか丁寧に説明しているようなものです。お笑いや芝居の世界では「空気があったまる（お客が乗り気になり会場が一体化する）」といいます。**就活の世界でも、あまり面接に自信のない学生は、場の空気があったまるまでは慎重に話を進めていくのがいい**のではないかと思います。オープニングギャグがすべるのは、見るに忍びないですよね。

「形容詞型」と、「動詞型」。

面接で最初に自己紹介を求められた時、まずあいさつと名前および所属（大学）から始めるのは言うまでもありませんが、その次にどのような導入を図るか、とても悩ましいところです。よく「結論は最初に言うべき」と言われますが、自己紹介の場合にはどのような切り出し方をすればよいでしょうか。

さまざまな模擬面接やESを見てきた経験から、自己紹介の切り出し方は**「私は～な人物です」という「形容詞型」と、「私は（社会や仕事で）～をしたいと思っています」という「動詞型」に分けられる**と思います。形容詞型は自分の人物像から入り、動詞型は社会やその会社で何をしたいかから入ります。そして**形容詞型の自己紹介が圧倒的に多い**ようです。自己紹介なのだから自分のことから、と考えるのは自然なことでしょう。しかし、私は少し違う意見を持っています。

自己紹介の切り出し方で一番重要なことは、自分の輪郭をはっきり示すことだと思います。形容詞型の自己紹介であなたの輪郭がくっきりするのであれば何ら問題ありません。しかし「私は想像力があります」とか「私は粘り強さについては誰も負けません」といった言葉はあまりにありふれており、また輪郭になりきれるものではありません。**形容詞はあなた一人のためにあるものではないのです**。実際はその後のエピソード中のいくつかがあなたのキーワードとしてひっかかる程度で、切り出した言葉はまず面接官の頭には残らないでしょう。

一方「動詞型」の自己紹介はどうでしょう。例えば「私は広告という分野で＊＊＊をやりたいと思っています」や「私は御社で＊＊＊をしたく、＊＊部に配属されたいと思っています」というものです。この切り口は**一定の輪郭を示すいいアプローチになる**のではないかと考えています。

面接官は面接の場で、その学生が会社でいきいきと働き、そして会社に貢献できるかどうかを判断したいと思っています。**どのような仕事をしたいという切り口は、まさに学生とすり合わせたい最大の関心事**であり、それがはっきり示されたのであれば、面接官はその後の質問を進めやすくなります。

動詞型の切り口で自己紹介を始める学生はそう多くありません。なぜならばこれらは一般に「志望動機」の枠内で話すべきものと考えているからでしょう。しかし**実際にはそんな制限などどこにもありません。**

6 面接官の質問は、2種類しかない。

輝かしい実績がたくさんそろっている学生は、たとえ形容詞型の切り出し方としても十分に話を構成でき、大きな輪郭を示すことができるでしょう。しかし、そんな学生はごく一部です。自己紹介に悩む学生は、思い切って動詞型のアプローチを検討してみてはいかがでしょうか。少なくとも「私は、納豆です」で始めるよりはいい話ができると思います。

「〜なら誰にも負けません」は、やめておきましょう。

就活生とはこうも負けず嫌いの集団なのでしょうか。エントリーシートの自己PR欄は「〜なら誰にも負けません」のオンパレードです。しかし実際に会って話をすると、そんなギラギラ感はなく、羊のようにおとなしい学生のなんと多いことよ。

実際「根性なら誰にも負けません」「人を楽しませることなら誰にも負けません」といったアピールはあまりにありふれているので、特に気にしない企業や業界が多いと思います。しかし広告業界で働くものとしては、これは少しひっかかってしまう表現なのです。「世界No1の持続力」や「最も支持されています」といった「最上級表現」を広告や商品表示に使うことは景表法によって制限されており、たとえ小さい文字でも根拠が明示されなければ使うことができません。また最高でなくとも表現に制限があることがあります。定期預金などで「高金利・高利回り」と書かず「好金利、好利回り」としているのは、金融関係の法律や業界自主規制による「表現の工夫」の定番です。

6 面接官の質問は、2種類しかない。

広告表現だけでなく、データを取り扱う時も普段から出典やデータの根拠を確認します。「最高」という言葉を見れば特に注意します。鵜呑みにしたデータをもとにプレゼンすると、賢いクライアントならそのあいまいさを指摘し、プレゼン全体の信用が失われるからです。

このように、**広告会社は常に表現の責任を負っているからこそ、根拠の薄い断言には敏感に反応します**。そもそも「絶対」や「一番」を面接で繰り返すのは、いくら気持ちを込めて話したとしても、社会人の基礎感覚として抵抗を感じるものです。**安易に「〜なら誰にも負けません」と言うのは、やめておくことをお勧めします**。

「高金利」を「好金利」に言い換えるような形で、**「〜なら自信があります」「〜なら私にまかせてください」「〜なら大丈夫です」**という表現であるなら許容範囲です。また何かの大会などで一番になったことがあるのであれば、はっきりその大会名を添えた上で堂々と一番を主張しましょう。その範囲で誰にも負けなかったことは立派な事実なのですから。

断定的な言葉を使わなくても、表現に工夫を凝らして相手に一番だと思わせること、それが広告の持つ醍醐味《だいごみ》です。そんな業界の醍醐味を自己PRで実現できれば、内定はもうすぐそこに見えるのではないでしょうか。

「他社の受験状況を教えてください」

他社の選考状況を聞かれたらどう答えるか、学生にとってそれは大きな悩みとなります。かつてある学生に「『広く広告業界を受けています』と答えたら？」と聞いたところ、「たいてい『差し支えなければ詳しく教えてください』と突っ込まれます」と言っていました。差し支えがあるかどうかは相手次第であるにもかかわらず（苦笑）。

また別の学生に聞くと、「2〜3社挙げれば満足してくれます」と答えていました。どうやらコツは、その2〜3社の挙げ方で有利になるならより有利に、不利になるかもしれないならそうならないような選び方や言い方を、あらかじめ研究しておくことかもしれません。

そもそも他社受験状況が選考上考慮されるのは、他の基本資質が十分評価されていることが前提になります。**この問いかけが大きな意味をもってくるのは、ある程度自分に実力がつき、面接でも自分を発揮できるようになってから**です。面接が通るようになってから

6 面接官の質問は、2種類しかない。

この質問を受けるということは、相手から一定の評価をもらっていると考えていいと思います。

もちろんこの問題には一つの答えがあるわけではありません。ここでは極めて個人的な意見を幾つかの場合に分けて述べてみます。

《現場社員の場合》

そもそもどういう理由で面接官は他社の選考状況を聞くのでしょうか。大きく言えば、

「**資質**（資質や姿勢の類推）」

「**脅威**（他社に行けば脅威になるかどうか）」

「**辞退**（内定辞退しないかどうか）」

の3つに分けられると思います。

また、面接官を分類すると

「**現場社員**（管理職、非管理職問わず）」

「**採用担当者**（管理職、非管理職問わず）」

「**役員**」

の3種類と言えます。

これらが絡み合うのが、この問いかけです。まずは「現場社員」に注目して論じてみます。

現場社員が面接を担当するのは、まさに「資質」を見極め、競合社に行って「脅威」になっては困るような優秀な学生を見いだすことです。同時に**内定辞退するかもという理由で落とすことはまずありえない**と考えられます。なぜなら**内定者を引き留めるのは自分ではなく採用担当の仕事**だからです。

またあなたが業界を横断的に受験しているとした場合、相手の社員はあなたの業界への志望度を推し量ると同時に、**あなたが競合社にいく可能性を少なからず想定**します。特に広告業界は常にコンペ（競争）にさらされており、一つの会社が常勝ということはまずありません。企業の大小にかかわらず優秀な人材が他社に行くことは、すぐに目の前の脅威になることもあります。

これらのことから考察すると、あくまで個人的な意見ですが、**業界を横断的に受けている学生は、現場面接官の職位にかかわらず堂々と他社受験状況を話すのがよい**と思います。売上ランキングなどでより上位とされている会社でも、これから受ける小さい会社でも構いません。なお、落選した会社は一々言う必要はありませんが、誰でも受けているはずの人気企業については一言コメントしておけば話が流れると思います。

どうせ聞かれる質問です。もしもあなたが困惑した言い方で答えたとしたなら、面接官はその学生が自社を低い位置に見ているのではといった疑念を感じるかもしれません。業界を強く志望する意思の表れとして、当然のことのつもりで返答してみてはいかがでしょうか。

《採用担当者の場合》

採用担当者が直接面接をするのは、ある程度選考が進んだ段階だと思われます。その時の最大の注目点は、**「役員面接に送り込める人物か」**と**「内定辞退しないか」**の2点ですが、実際は特に「内定辞退しないかどうか」の方が重大と言えます。優秀な学生を選ぶだけなら現場だけでもできる仕事であり、選んだ後その人材を「入社させる」ことが採用担当の本当の仕事であるからです。

採用担当は残った学生を十分評価しています。同時に優秀な学生が他社にも内定を取ることや他社選考を受け続けることも織り込み済みです。したがって採用担当者との面接では、かなり詳しく選考状況を聞かれると思います。この時の対応方法は、個人的な意見ですが、**「採用担当者に相談するがごとく誠実に話す」**ことではないでしょうか。

ある程度選考が進めば採用担当は学生の味方になります。特に**役員面接前には採用担当者も学生との信頼関係を結びたいと思っている**でしょう。ただ無機質に内定を出したところで、そこから先は学生が主導権を持ってしまいます。まだ学生が十分聞く耳をもっている間に学生の本当の考えを聞き、人間的な部分でのリレーション作りを始めなければいけません。

このため、学生の側も**採用担当者との面談は他社状況も含め率直に相談するチャンス**と考えた方がよいと考えています。その業界にどれだけ思い入れがあるかということは基本的にはその会社への思い入れにつながり、採用担当に伝わります。また採用担当が学生の方向性が違うと感じた場合は、学生に自社のことを改めて説明し、それでも志望するかどうかを確認することになるでしょう。仮に選考に残っているところがないとしても、(その学生次第ですが)そのような状況で採用した時に深まる絆《きずな》を採用担当も考えるはずです。

したがって、個人的な意見ですが、**広告業界の競合社を受けていることはまずマイナスにはならない**と思います。ましてや広告業界の内定を持ちつつ自社を受けに来たということは、一定の優秀さと来てくれる確率も保証されるので、見る目が変わってくると思います。

しかし**誰でも知っているようなメーカーに内定があるにもかかわらず中堅広告会社を目指しているといった場合には注意が必要**です。最終的には親の勧めもあって世間に知られた会社に行くといったことに、採用担当はよく直面しているはずです。したがって本当に現在受験中の会社に行きたいことを採用担当に信用してもらえるようなプレゼンをすべきだと思います。もしも必ず望む業界に行きたいと思うのであれば、他業界の内定のことは話さない方がいいかもしれません。

複数内定を持って悩んでいる学生の話を聞くと、一方ないしは両方の採用担当者との絆が深い場合がほとんどです。そのような絆が結べたからこそ得られた複数内定だとも言えるでしょう。皆さんもどのような選考状況であろうと、採用担当の方とはぜひ率直な話し合いをしてください。

《役員の場合》

最後は、やはり「役員」に聞かれた場合について言及しなければなりません。もっとも自信のない見解ですが、私なりの考えを述べたいと思います。

役員は「判断する」のが職務であり、商法上も従業員とは一線を引かれています。したがって**役員面接は話し合いではなく役員が判断材料を得る場**です。

役員は現場社員と採用担当者が推してきた学生に十分な資質があり、競合他社に行けば脅威となり、内定を出せば本当に入社するかを、極めて直感的に判断します。しかし資質については社内教育でなんとかなっても、入社するかどうかは採用計画の根本をなすものであり、他社内定・選考状況の情報を役員が気にするのは当然だと言えます。

一般に役員に判断をもらう場合、重要な情報はすべてあらかじめ報告しておかなければいけません。学生のそれまでの評価もすべて役員の手元にあります。したがって事前に採用担当と選考状況について十分話し合う機会があったら、その情報は役員にも上がっていることは間違いありません。ここでは「採用担当と話し合いをしたかどうか」で話を分けてみます。

(1)採用担当者と選考状況の話し合いをした場合

すでにあなたは採用担当と「率直で誠実な話し合い」を十分してきたはずです。役員は採用担当から上がってきた情報をもとに、あらためて最新の状況を聞きますが、とりあえずはそのまま現状報告した上で、**「採用担当の方と十分話をし、相談に乗っていただきました」**と伝えることが重要だと思います。仮に自分自身まだ迷っている段階だとしても、採用担当者ときちんとパイプができていることが役員に伝われば、役員は内定後きちんと引き留める仕事をもう一度採用担当者に投げ返し、あなたの資質とやる気で判断することに集中できます。

(2)採用担当者と特に話し合いをしていない場合

問題は、特に選考状況の話し合いもなく役員面接に突入する場合です。それまで現場社員と思われる面接だけであったのなら、選考状況の情報まで上がっているかどうかは分かりません。状況は刻々と変わりますので、改めて役員が問うことになると思われます。

この場合、**言う情報に気を遣う必要があります**。このシリーズの最初に書いた通り、自分のやる気や資質をもっとも代弁できる「2～3社」を選んで話し、やり過ごせるようにした方がいいでしょう。

まず、**既に内定している会社のことは業界を問わず言うべき**です。内定があるのにもかかわらず自社を受けているということ自体、自社を高く志望していることの表れと理解されます。

さらに、**選考に残っている会社については、業界を強く志望していることの補強となり得るなら言った方がいい**でしょう。ただし今受けている会社の強みを簡単に添える形で「御社が第一志望です」と、よどみなく堂々と伝えなければいけません。

選考中の会社がない場合は「御社に落ちた場合でも、この業界を受け続けます」というように、**くじけない志を役員に見せてください**。

なお**落ちた会社のことは言う必要がありません**。ただし誰もが受ける同業の人気会社については軽く触れておいてもいいでしょう。

最後に全体にかかわるまとめを。

選考状況は必ず聞かれる質問です。これは**全員に与えられた規定演技の機会**とも言えます。聞かれて「いや困りましたねー」という表情を見せるのはいかにも隙が多く、真剣な面接のリズムがくずれます。面接官や実際の選考状況に合わせて、あらかじめ十分準備をしておいてください。

「なぜ他社に落ちたと思いますか？」

選考状況を問われる際、「なぜ他社に落ちたと思いますか」「なぜ（今も）内定がないと思いますか」と聞かれることがあると思います。これは選考状況を聞かれる以上に厳しく、困惑する質問です。

「選考状況を聞かれたらどう答えるか」というコラムでは「一部の同業人気企業を除けば、落選した会社のことを特に言う必要はない」と述べました。しかしそれでもこの質問が出ることはあるでしょう。できれば聞かれたくも答えたくもないこの質問にどのように対応したらいいか、考察していきます。

まず覚えておいてほしいことは、**「失敗は成功の糧」**であることです。最初から何でもこなせる新卒新入社員は皆無であり、失敗することから教育が始まるといっても過言ではありません。しかし失敗を失敗と気づかず、また同じ間違いを繰り返してしまう社員は根本的に資質を疑われます。

6 面接官の質問は、2種類しかない。

面接官はあなたが同じ間違いを繰り返さない方法を自分で気づいているかどうかを確認するために、この質問をしているのでしょう。その答え方を通じて、入社後上司があなたを指導した時の反応を想像しているのかもしれません。もちろん採用試験という場は評価のフィードバックがあるわけでもなく、失敗の原因を個別にきちんと把握できている方が少数派かも知れません。しかし少なくとも現在も選考を受けている学生のみなさんは、就活開始当時の自分と今の自分を照らし合わせれば、以前は気づかず今になって分かったことは山ほどあるはずです。

したがってこの質問への答えとして、落ちた原因だけ言うのではなく、**落ちた当時の自分から現在の自分への「成長の幅」を伝える**ことが大事だと考えます（このあたりのことはコラム「『位置』より『幅』」も参考にしてください）。

しかし同時に留意しておかなければならないことは、**「社会人は言い訳を嫌う」**ということです。落ちた理由があまりに言い訳っぽいことになっては、その姿勢自体が否定材料になりかねません。一番まずいのは延々と言い訳をすることです。早めに現在の自分論に展開していく必要があります。

どうせ聞かれる質問ですので、長くても1分、できれば30秒ぐらいのポジティブ回答を用意しておくと、本番であわてずにすむのではないでしょうか。ただの事前準備ではなく、自分の成長を確認するいい機会になると思います。

コラム
採用担当の方へ

面接官は、就活生に挫折体験を聞くな。

学生からの報告を見ると、決して少なくない会社が「あなたの一番の挫折体験を教えてください」と聞いているようです。このような質問は就活本にも対応例が載っています。しかしそもそも挫折体験を聞くこと自体、いかがなものでしょうか。

就活本では挫折体験を聞く意義を「挫折からどう這い上がったかを聞いている」としているものが多いようです。そこには、「社会は学生が思うよりははるかに厳しいもので、挫折体験のない学生ではなかなか通用しない」という前提も入っていると思います。実際、ベンチャー企業ではよく聞いてくるようで、私が学生から聞いた事例では、話を聞いた後「うん、かわいい挫折だねぇ」などと言い返す面接官もいるようです。

挫折体験は自己PRと違い、人に言えるものとは限りません。失恋、親の離婚、イジメ、病気など極めて個人的事情で本当に辛い挫折をした学生もいるでしょう。しかし会社は大きな挫折ほど高い評価をしている傾向も否定できません。最悪なのは、グループ面接でこの質問をしてくる面接官です。挫折アピールがインフレを起こし、他の学生にまで自分の病気のことを話さなければいけないはめになりかねません。プライバシー上問題がないといいきれるでしょうか。

就活本では「そのようなことを言っても相手に引かれるだけなので、ほかの克服した体験を言いましょう」などとアドバイスしています。結局は人に言えて、かつアピールになるような「ちょうどいい」経験があるかどうかが分かれ道であり、そのような挫折がない学生には極めて不利になります。あまりに深刻な挫折なら言わなくてもよい、でも挫折のエピソードは大きいほうがよいなどというのは、質問として無責任きわまりません。挫折がないことを低評価とするのなら、あらかじめ募集要項に「要挫折経験、挫折経験尚可」などと告知しておくべきです。

プレッシャーに対する耐性を聞くなら「どうしてもクライアントが口を聞いてくれないときにはどうしますか」などと、社会で想定される困難について聞いてみれば済むことではないでしょうか。

就活生は立場が弱く、事実上答えたくない質問に答えない権利はありません。**第三者の前で自分の挫折体験を話させるというのは、いわばイッキ飲みの強制にも近い人権侵害、立場を利用した若者へのハラスメント**だと、私は考えています。

面接官よ、就活生に挫折体験を聞くことなかれ。

読者からの感想(2)

C：女性／10年卒／関東

■ 感想 ■

自分は就職活動や社会人からの見方について何も知らなかった、ということを痛感致しました。今、この本に出会えて知ることが出来て本当に良かったと思っています。また著者のコラムの中にもあるようにまず簡潔に結論を述べ、それから分かりやすく理由を述べる書き方のお陰で、すっと本の中に入り込めます。そして身近なものへのたとえが面白く、コラムの内容をより分かりやすくしていると思います。広告業界だけでなく、就職活動を始める全ての学生に読んで欲しいと思います。

■ 役立ったコラム ■「役員＝お父さん、人事＝お母さん」論

なんでこの見方に気づかなかったんだろう…。このコラムを読んでの最初の感想がこれでした。自分は女子大で、周りの友人にも一般職を志望している人が多く、女の子で総合職、しかも忙しいといわれている広告業界は無理なのではないかという気持ちがどこかにありました。役員や人事の方だって人の親であり、自分の「働きたい、社会に巣立ちたい」という気持ちを素直に見せることが大切なのであると思いました。

D：女性／07年卒／東海

■ 感想 ■

本当は学生がすごく知りたいことで、社会人に直接聞きたいけれどどうやって聞いていいかわからない、面と向かって聞くのは気がひける、といった学生の不安に的を絞ってはっきりと答えが書いてあるので、自分の弱みがわかりやすく、これからの就活にとても役立つものでした。

■ 役立ったコラム ■「機関車トーマスの価値観」

私はこれまで、単に自分はどういった仕事がしたいのか、どういった広告を制作したいのか、と自分を主体としてばかり考えてきたような気がします。しかし、このコラムを読んで、社会人になるということは、一人で仕事をするわけではないし、会社側も、会社に利益をもたらす人材を欲しがるのだという事実にはっとしました。

サークルやアルバイトなら、自分のやりたいことをやるだけで良いかもしれませんが、ビジネスをするということは自分本位ではいけないということを、改めて考えさせられました。

7

健康診断するということは、内定したということ。

健康診断するということは、内定したということ。

会社が選考の時に実施する健康診断について色々調べたところ、「健康診断するということは、内定したということ」という結論に至りました。

採用時に健康診断をする根拠

新卒採用に限らず、企業が雇用する際の健康診断の実施根拠は、以下の「労働安全衛生規則」にあります。

労働安全衛生規則（昭和四十七年九月三十日労働省令第三十二号）

第四十三条（雇入時の健康診断）

事業者は、常時使用する労働者を雇い入れるときは、当該労働者に対し、次の項目について医師による健康診断を行わなければならない。ただし、医師による健康診断を受けた後、三月を経過しない者を雇い入れる場合において、その者が当該健康診断の結果を証明する書面を提出したときは、当該健康診断の項目に相当する項目については、この限りでない。

・既往歴及び業務歴の調査
・自覚症状及び他覚症状の有無の検査
・身長、体重、視力及び聴力（千ヘルツ及び四千ヘルツの音に係る聴力をいう。次条第一項第三号において同じ）の検査
・胸部エックス線検査
・血圧の測定
・血色素量及び赤血球数の検査（次条第一項第六号において「貧血検査」という）
・血清グルタミックオキサロアセチックトランスアミナーゼ（GOT）、血清グルタミックピルビックトランスアミナーゼ（GPT）及びガンマ―グルタミルトランスペプチダーゼ（γ—GTP）の検査（次条第一項第七号において「肝機能検査」という）
・血清総コレステロール、高比重リポ蛋白コレステロール（HDLコレステロール）及び血清トリグリセライドの量の検査（次条第一項第八号において「血中脂質検査」という）

・血糖検査
・尿中の糖及び蛋白の有無の検査（次条第一項第十号において「尿検査」という）
・心電図検査

規則の濫用、曲解に対する労働省の事務連絡

しかし、この規則を根拠に「健康診断の結果で採用判断をする」という企業が続出したため、平成5年に以下の労働省連絡が各都道府県職安課長に通達されました（以下強調文字は筆者によるもの）。

●「**採用選考時の健康診断について**」平成5年5月10日付け事務連絡（労働省職業安定局業務調整課長補佐及び雇用促進室長補佐から各都道府県職業安定主管課長あて）

近年、新規学校卒業者の採用選考時に、事業主が労働安全衛生規則第43条（雇入時の健康診断）を根拠としていわゆる「血液検査」等の健康診断を一律に実施し、公正な採用選考の観点から問題となっている事例が見受けられるところである。

しかしながら、同規則は採用選考時の健康診断について規定したものではなく、また、「雇入時の健康診断」は、常時使用する労働者を雇入れた際における適性配置、

入職後の健康管理に資するための健康診断であることから、**採用選考時に同規則を根拠として採用可否決定のための健康診断を実施することは適切さを欠くものである。**

また、**健康診断の必要性を慎重に検討することなく、採用選考時に健康診断を実施することは、応募者の適性と能力を判断する上で必要のない事項を把握する可能性があり、結果として、就職差別につながるおそれがあるところである。**

このため、採用選考時の健康診断の実施については、従来より必要に応じて指導を行ってきたところであるが、今般、労働基準局安全衛生部労働衛生課長から各都道府県労働基準局労働衛生主務課長に対し「雇入時の健康診断」の趣旨の徹底について別紙のとおり通知した旨連絡があったので、各都道府県においても、下記の文例を新規学校卒業者向けの求人説明会の配付資料に盛り込む等、**事業主に対して「雇入時の健康診断」の趣旨を十分徹底し、応募者の適性と能力のみに基づく公正な採用選考を行うよう指導されたい。**

記

近年、新規学校卒業者の採用選考時に、労働安全衛生規則第43条に「雇入時の健康診断」が規定されていることを理由に、いわゆる「血液検査」等の健康診断を一律に実施している事例が見受けられます。

しかし、この「雇入時の健康診断」は、常時使用する労働者を雇入れた際における適性配置、入職後の健康管理に役立てるために実施するものであって、**採用選考時に実施することを義務づけたものではなく、**また、**応募者の採否を決定するために実施するものでもありません。**

また、健康診断の必要性を慎重に検討することなく、採用選考時に健康診断を実施することは、**応募者の適性と能力を判断する上で必要のない事項を把握する可能性があり、結果として、就職差別につながるおそれがあります。**

したがって、採用選考時にいわゆる「血液検査」等の健康診断を実施する場合には、健康診断が応募者の適性と能力を判断する上で真に必要かどうか慎重に検討していただきますようお願いします。

要するに、**「健康診断はあくまで採用後の適性配置・健康管理のためにするものであり、採用決定のために実施するものではない。結果として就職差別につながる恐れがあるので、血液検査を採用時に実施するときには慎重にしてほしい」**という見解を、労働省（当時）が出したということです。いいかえれば、**内定を出した後に、従業員に実施する健康診断と同様の位置づけで実施しろ**ということになります。

その後も、官公庁、警察、企業が肝炎やＨＩＶ感染者を採用差別するといった社会問題が起こり、再度、以下のような連絡が通達されています。

7 健康診断するということは、内定したということ。

●「採用選考時の健康診断に係る留意事項について」平成13年4月24日付け事務連絡（厚生労働省職業安定局雇用開発課長補佐から都道府県労働局職業安定主務課長あて）

標記については、平成5年5月10日付け事務連絡「採用選考時の健康診断について」により、公正な採用選考を確立する観点から、普段より各種啓発資料を活用するなど、雇用主に対する啓発・指導を行っているところである。

今般、別添、健康局総務課長、疾病対策課長、結核感染症課長連名通知「当面のウイルス肝炎対策に係る体制の充実・整備等について」により、「C型肝炎ウイルス等の持続感染者に対する差別は、偏見を基礎にしたものであり、地域や職場においてこれらの偏見を排するよう、正しい知識の普及・周知徹底を図る必要がある」旨述べられている。

ついては、職業安定機関においても当該通知等にも留意しつつ、今後とも、**採用選考時の健康診断については、職務内容との関連においてその必要性を慎重に検討することなく実施することは、結果として就職差別につながるおそれがあり、採用選考時にいわゆる「血液検査」等の健康診断を実施する場合には、健康診断が応募者の適性と能力を判断する上で真に必要かどうか慎重に検討するよう雇用主に対する啓発・指導に取り組まれたい。**（以下略）

この事務連絡では、特に様々な症状がわかる「血液検査」を選考時に実施することには十分慎重になるべきだという方針が見られます。特に先の労働安全衛生規則第四十三条では、血液検査する項目を限定していますので、それ以外の検査を実施することの牽制になっているともいえます。

血液検査を実施するなら、その前に内定を出すべき

この経緯を見ても、**血液検査を実施するなら、企業はその前に内定を出すべき**という結論が分かります。なぜなら、採用時の健康診断は、**雇い入れを前提に実施するものであり、選考のために実施するものではない**からです。

当然企業も、何らかの疾病が見つかった場合には、「採用を前提に」入社までに治療するよう指導します。それでも入社までに一切の業務に就けないほどの病状であれば内定取消の可能性はありますが、そうでなければ内定取消することはできません。

したがって、学生の皆様は、本来**「健康診断を実施する＝内定した」**と考えて結構だと思います。実際、ほとんどの企業がこのような扱いにしています（上記根拠を会社が熟知しているかは別ですが）。

仮に内定告知前に健康診断をする旨言われた場合、「それは、内定をいただいたという理解でいいですよね」と確認してみてください。

8

広告業界に圧迫面接はない。

バイオリンの発表会。

ピアノという楽器はタイプライターと同じく鍵盤を押すと決まった音程が出ます。当然音色や強弱・リズム感といった要素は訓練によって体得していくものですが、とりあえず押せばちゃんとした音程が出るので、初心者にも取り扱いやすい楽器と言えます。

一方バイオリンは自ら弓で弦を弾いて音を出す楽器です。しかし初めての人が弾こうと思ってもそれは騒音にしかなりません。バイオリンでは、弾くというよりも「こすりつけている」「引っ掻いている」行為に過ぎません。バイオリンでは、**まず音を出せるようになるまでに厳しい練習が必要**です。

コミュニケーションを音楽でたとえるなら、**言葉は楽譜、声は楽器**。そして音程は正しい言葉使い、音色は感情豊かで説得力のある表現だといえるでしょう。曲がよくても演奏家が下手なら音楽は台なしであるように、どんなに机上で文章を練ろうと、それを声に乗せてどう表現するかで、言葉は生きも死にもします。**音楽もコミュニケーションも、記号**

だけでは完結せず、実践して初めて価値をもつものなのです。

しかも**就活生が使う楽器はピアノでなくバイオリン**です。キラキラ星一つ演奏するのも簡単ではありません。普通にやっても引っ掻き音にしか聞こえません。**学生口調にお仕着せの言葉を乗せても、メッセージとして聞こえてこない**のです。

模擬面接会という発表会でバイオリンの音程と音色が聞こえた学生は全体の2割以下でした。音楽に聞こえてはじめて曲の善し悪し・演奏の善し悪しを評価できます。それ以前の学生はいくら楽譜の方をいじっても無駄だと言わざるを得ません。

バイオリンの音程と音色を奏でられるようになるためにはどうしたらいいか、この答えも同じく音楽にあります。それは**目と耳を使って人から学び、自分で実践練習する**しかありません。

そのための最もよい機会は社会人と話すこと、とりわけOB・OG訪問です。OB・OG訪問は社会人の話し方のリズムや抑揚、言葉の選び方を学ぶ場でもあります。どのような話し方が「言葉」を「メッセージ」に変えるのか、実際にライブで見て聞いてみなければ分かりません。

そしてあなた自身の話の内容と身振り手振りも含めた話し方についてOB・OGに率直な意見を求め、発表会に臨める「音程・音色」になっているか尋ねてください。

自分に合った楽曲。

先の「バイオリンの発表会」を読んだある学生が、

「あの話はバンドをしている自分には染み渡りました。**楽譜はいろいろありますが、自分に合った楽曲というものがあると思います**」

と言っていました。

演奏者としての基礎ができていることは当然ですが、彼の言う通り、その人がどんな音楽でも自在に演奏できるかといえばそうではないのでしょう。その曲とその人自身のもつ個性・感性は深い関わりをもつのです。

就職活動で「自分に合っている／合っていない楽曲」とは何のことか、「話す内容」は言うまでもありませんが、「その業界そのもの」も挙げることができるでしょう。

コミュニケーションが大事な業界でも、求められるコミュニケーション力は微妙に違います。流通や外食など一般生活者と直接接触する業界や、法人を対象とするコンサル業界、

8 広告業界に圧迫面接はない。

法人・個人が入り交じる旅行業界やホテル業界など、ビジネスの対象によってコミュニケーションの形は変わってきます。

　広告業界では、対生活者に向いた「アウトバウンド」のコミュニケーション力と、対広告主・取引先・同僚に向いた「インバウンド」のコミュニケーション力の両方が求められます。クリエーティブだからアウトバウンド、営業だからインバウンドということでもありません。

「人とコミュニケーションをするのが好きです」と一言で言う学生も多数いますが、画一的な演奏に面接官はきっと微妙な違和感を持っています。あなたの**コミュニケーションの型がその業界にあっているのか、業界研究の中で検証してみてください**。その業界はどういう楽曲なのかを知ることで、はじめてそれをどう演奏すべきか見えてくるのではないでしょうか。

機関車トーマスの価値観。

幼児、特に男の子は乗り物が大好きです。このジャンルでの最大の人気者はいまも「機関車トーマス」でしょう。どんな百貨店の屋上にもトーマスの乗り物はありますし、レンタルビデオ屋には色あせたパッケージがずらりと並んでいます。

私も子供と一緒に何本も見ましたが、落としどころが見えにくい話が多く戸惑いました。しかしたくさん見ていく中で、そのバックにある一貫した価値観は **「役に立つ」** ということなのではと思うようになりました。どういう英語の翻訳として「役に立つ」という言葉になったかは分かりませんが、とにかく「役に立つ機関車になる」という言葉がよくでてきます。

「役に立つ」という言葉は、「勤勉」という言葉よりも具体的なニュアンスのように聞こえます。この価値観は、原作者の出身であるイギリス社会の職業観なのかもしれません。

ただ、幼少の機関車に労働させているのはいかがなものかと思いますが（苦笑）。

8 広告業界に圧迫面接はない。

就職活動でもっともアピールすべきことも、トーマス同様「どのように役に立つか」ということでしょう。今の企業では潜在能力では意味がなく、発揮される能力が評価されます。これが学歴を重視しなくなってきた理由です。

極論ですが、どんな話をしようと、どんな質問に答えようと、その内容は**「自分は役に立つ人物である」ことをアピールできるものになっている**べきだと思います。自分がその会社にどのように貢献できるか、具体的なイメージを相手に湧かせることが大事です。

まずは「役に立つ」ことが重要だということを何度も心に念じ、その価値観を体にたたきこんでみてください。これは決して入社するためだけに必要なことではありません。

「面接」と「面談」

「入社試験の際に面接する人のことを『面接官』というのはおかしいのでは」

という指摘があります

なるほど、警察官や裁判官など「官」というのは公務員の役職に使われる言葉です。面接「官」がおかしいならどういう言葉を使えばいいのか。面接者では受ける方かどっちなのか分からないし、面接「員」も威厳がない。会社が偉いということを示すために使われてきた言葉だと思われます。

旧国立大学の「教官」だった私の友人は、独立行政法人移行後「教員」と呼ばれるようになったと言っていました。しかし学生も教員自身の意識もそう急には変わりません。どうやら**「面接官」という言葉は「教官」同様、学生から見た、または学生に対する伝統的な言葉**のようです。

しかし、ある大手広告代理店では**「面接ではなく『面談』」**というポリシーがあるそう

8 広告業界に圧迫面接はない。

です。私も「面談」であるべき理由が分かるような気がしています。入試に通っても教員と学生の区別は依然はっきりしていますが、採用されればいきなり相手の社員と同僚になります。**一緒に働くということを双方が決めることが採用／就職**なのです。これはまさに結婚と同じ構造です。**面談は縁談**といえるでしょう。

「今回は面談です」とはっきり言われている会社では、きっと学生からの質問の時間をきちんととると思います。**このような機会を逃さず面談相手に質問をし、双方向のコミュニケーションをとることが望ましい**でしょう。あなたの質問に相手がどう答えるか、それはあなた自身のその会社への判断材料に加えてください。

ただしあなたの質問で、相手もあなたの資質を見ていることをお忘れなく。

「はきはき」話す。

今の時代、家庭や学校で「はきはき話しなさい！」と教えられなくなったのでしょうか。九州の田舎出身の私は小さい頃祖父母と同居をしていました。お年寄りがいる家庭や地方では、ぼそぼそと話をするとお年寄りには聞き取りづらいので、親から「はきはきしゃべりなさい」と教えられます（同様に速すぎても叱られます）。

地方ですら同居することが少なくなってきた現代では、親子・兄弟姉妹での会話が成立すれば済みます。また今では知らない人には注意をしなければいけない世相にもなっており、子供が他の大人と会話する機会はさらに減っているかもしれません。学生は相手に歩み寄ってきてもらうコミュニケーションに慣れ過ぎているのです。

広告業界は「伝える」ことを実践するプロ集団です。「はきはき」話すことの重要性は、決して小さい子供にだけ求められていることではありません。では「はきはき」話すとはどういうことでしょうか。それは文字どおり「はっきり」話すこと、すなわち言葉をきちんと際立たせて話すことです。
以前英会話の本で、相手の言うことが聞き取りにくい時には
Could you speak more loudly?（もっと大きい声で話してもらえますか）
Could you speak more slowly?（もっとゆっくり話してもらえますか）
よりも
Could you speak more clearly?（もっとはっきり話してもらえますか）
と頼む方が聞き取りやすくなるとあったのを覚えています。
広告労協の模擬面接会では、自信のないぼそぼそとした話し方、溶けたアイスクリームのようなだらけた話し方、空気が混じり過ぎてスカスカの話し方など、だらしない話し方のオンパレードでした。いずれの学生にも絶対にプレゼンを任せられません。話の内容は面接本のコピー＆ペーストで作れても、話し方自体が悪ければ広告業界の試験は通過できないのです。

コラム 広告業界のこと

情報が対価

広告と広報は、メディアへの取り組み方が違います。広告は広告枠とお金の取引によってビジネスが成立しますが、PRでは記者の方に対価を払う訳でもなく、情報を記事にしてもらうのが仕事になります。

あるPR会社の社員の方に「対価を支払うわけでもなく、どのようにして記者に取り上げてもらうのでしょうか」と聞いたところ、その方は「私は『情報が対価』だと思っています。いい情報や使える情報を提供することは、それ自体が記者の方にも役に立つことです」

と答えてくれました。

普段からメディア取引の仕事をしていると、往々にして企画やコミュニケーション力とは関係ない価格勝負といったことに心を取られます。他の代理店より安くなければ勝てないかもと絶望的になることすらあります。しかしこの「情報が対価」というPRマンの言葉は、そもそも情報自体が人間にとって意義あるものであるという原点に私を戻してくれました。

金銭と取引される商材は、いかにそれがいいものであろうと、その買い手にとっては最終的に「いかに安く買えるか」という判断がつきまといます。しかし情報はそれ自体が価値を持ち、それ自身が流通します。特に生活者は他人に情報を伝える時に対価を求めません。むしろ「ねぇ聞いて聞いて」と言ってまで伝えるように、「情報」に加え「自ら伝える」こと自体に価値を見いだします。

情報の価値は「いかに興味深いか」または「いかに役に立つか」であり、価値があれば情報は自由に流通し、なければ流通しません。価値ある情報をたくさん持ち発信できる人や組織には、さらによい情報も集まります。そのような「場」を形成することで「結果として」金銭的価値が生まれてくるのでしょう。

すべてが金銭対価を必要とする広告ビジネスに比

べ、ＰＲはビジネスとしての枠組みにあいまいな部分はありますが、それ以上に情報を核に自在にリレーションを構築していくＰＲマンの仕事ぶりには別格の自由さと充実さを感じます。

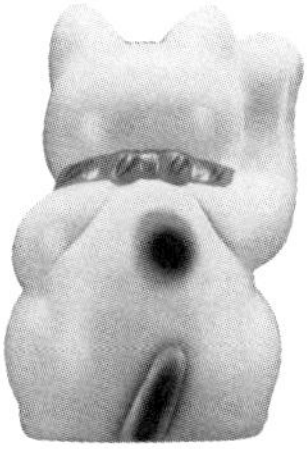

広告業界に圧迫面接はない。

「圧迫面接」という言葉があります。厳しい質問を繰り返し、そのときの反応や態度、切り返し方などで評価をする、というものです。厳しいコミュニケーションに慣れていない学生にとって恐怖の存在となっています。

しかし**広告業界では圧迫面接はまず存在しません**。

理由は簡単です。実際ほとんどの学生は選考で落ちクライアント側の企業にいくので、不愉快な印象を残してはいけないと分かっているからです。どんなにつまらない面接でも、どんなに向いていない学生にも、面接の制限時間の間はきちんと話を聞いてあげるよう、会社から指示があるのが一般的のようです。複数の会社の面接官経験者からこのことを確認しています。

学生はこのことで安心してはいけません。逆を返せば、どんなに響いていない面接でも、最後までニコニコして聞いてくれているわけであり、「何であんなになごやかに進んだのに落選したのか分からない」ということがよく起きるのです。

とはいえ、話が本当に相手に響いているかどうかは、雰囲気を感じ取ることで必ず分かります。面接ではこのような**「空気を読む余裕」**を少しだけでも残しておいてください。そして相手が興味を示していないと直感したら、勇気をもって別な話題を切り出しましょう。失敗したら迷わず堂々とやり直すことが大事です。

学生のプレゼン、社会人のプレゼン。

かつてある会社の選考に残っている学生のために、OB・OG訪問会を開催しました。この会社の次回選考はあらかじめ課題を与えられ、当日そのプレゼンをするというものです。学生からの「どのようにプレゼンすればよいのか」という質問に対し、OB社員は端的に

「学生のプレゼンは自分のためにするもの、広告会社のプレゼンは、相手のためにするもの」

と答えていました。まさにその通りだと思いました。

大学でのプレゼンは自分自身が選んだテーマについて研究の進捗《しんちょく》や結論を「発表」することに他なりませんが、広告会社のプレゼンは相手が選んだテーマに対して戦略・戦術と実施計画を「提案」することを意味します。また「発表」は自分の結論を発表するものであり、その**行為自体が自己完結**していますが、提案はあくまで**「相手が結論を決める」**も

のです。

したがって、**広告会社の提案では「自己完結してはいけない」「独りよがりにならない」**ことが重要です。選考で課されたオリエンを大学での課題と同列に捉えた瞬間、そのプレゼンは失敗確実と言えるでしょう。

自分の案が採用されて莫大なお金がつき、そのキャンペーンを任され活躍している自分の姿をいきいきと想像できるようになるまで、企画案を練り上げてください。その「過程」ができないようであれば、広告業界には向かないのかもしれません。

アルバイトと、職業観。

模擬面接の場で幾度となくアルバイトの話を聞いてきました。社会を垣間見る上でアルバイトの経験は非常に重要です。しかしその言い方ひとつでプラスにもマイナスにもなります。

「アルバイトで頑張れたので、御社でも頑張れます」と直球で言えば、「仕事をなめるんじゃない」と思われるでしょう。またウェイトレスをしていた学生が「人と接する仕事が好きなので、御社を志望しました」と言っても、接客業のようなB to C型と広告業のようなB to B型のビジネスは基本的には異質なものであり、「そのような志向ではこの業界には合わないのでは」と思われても仕方がありません。

アルバイトに限らず、自分の経験や得意分野が相手の世界にも当てはまるというロジックには、注意と気配りが必要です。あなたが主張することが仕事の現場にも当てはまるかどうかは、あくまで面接官側の判断なのです。

アルバイトは特にその人の「職業観」に直結します。これは企業と学生のマッチング度を測る上で最も重要な要素の一つです。個人的な意見ですが、**アルバイトの話は、その経験を通じて構築された自分自身の職業観、大きく言えば世界観に一旦昇華**すべきだと思います。その後に、その職業観がその業界や企業にマッチするかどうか、どのように生かすことができるか論じていくことで、相手の世界にすんなり入っていくことができるのではないでしょうか。

人とのつながり、コミュニケーションの重要性などは、社会人にも学生にも共通の価値観が存在するでしょう。しかし「職業」に関する意識は天と地ほど違います。業界内外で働く人の職業観に数多く触れ、自分のアルバイト経験などと照らし合わせ、自分自身の職業観をしっかり持ってください。それが説得力を持つかどうかが、社会人になれるかどうかの分かれ目といっても過言ではないでしょう。

コラム
広告業界のこと

カタログの仕事が大事な理由。

　先日会社の先輩が「いろいろ大事な仕事はあるけども、実は大事なのはカタログ製作だ」と言っていました。そういえばある後輩も「ずっとカタログ製作の仕事で泥沼の残業をしていましたが、とても楽しかったです」と言っていたのを思い出しました。

　2人は共通して「カタログの作業はクライアントとがっぷり四つに仕事ができる」と言います。

　カタログ製作は極めて地味な作業であると同時に莫大で正確な製品知識が必要となります。また素材となる写真撮影数も膨大です。極めて専門的であり、かつ販売の現場でそのまま使われるものであるため、クライアントも広告会社などに丸投げすることはできず、最終的な校正は結局クライアント側が行うことになります。テレビCMや新聞広告でも同様に制作物の最終責任はクライアントにありますが、要請される正確さや知識はカタログの比ではありません。

　このためカタログ製作は知識や経験のあるスタッフが極めて重宝されます。価格競争もないわけではありませんが、一度も取引をしていない印刷会社がいかに安く言ってきても、結局製作で苦労するのはクライアント自身です。したがってカタログ製作は一旦クライアントとの信頼関係が構築されれば比較的長期に指名受注できる分野となっています。後輩は「とにかくクライアントとべったりの作業だったが、苦しさも楽しさも共有できた」と言っていました。

　とても地味な分野だと思われますが、たとえば電機製品や自動車などの高額商品は、最終的な購入行動の決め手がカタログであることも度々です。小さい広告会社でもこのカタログ扱いのあるところは一つの強みを持っていると言えるでしょう。

リクスー都市伝説。

長年続いてきた「シューカツ都市伝説」は、いまだ多くの学生を支配しています。それは「就活のマニュアル化」が進み、あらゆる業界に対する極めて小さい共通項が、あたかも全体のルールとして語られるようになっていったからでしょう。

特にリクルートスーツは顕著です。多少トレンドの変化はあったとしても、「みんな同じ格好をする」という点では何年も同じ歴史をたどっています。男子学生はまだネクタイで個性を出せますが、女子学生がいまだ無個性なのは、都市伝説の呪縛《じゅばく》により強く囚われているからでしょう。

念のため広告業界に限って言うとするなら、会社が面接でさまざまな個性を見いだそうとしているのに、**ファッションには「無個性を求めている」はずがありません**。事実私服で来るように指定する会社もあります。

口紅やマニキュアがあなたを魅力的に見せるなら、ぜひつければよいでしょう。相手はそばにいる学生ではなく机の向こうの面接官ですから、その距離を考慮するのも重要です。していのかしてないのか分からない程度の化粧は、きっと面接官にはすっぴんにしか見えないでしょう（舞台女優のようにしろとは言いませんが）。

黒色系のリクスーなら、茶系の髪が映えて見えます。いろんな業界を受けるために無難な黒髪に戻す人が大半なのだと思いますが、少なくとも営業など人と接し交渉する仕事を横断的に受けるなら、（程度はありますが）茶色に染めていても問題はないはずです。印象がよいことも仕事をうまくいかせるための重要なファクターだからです。

靴はできるだけローヒール・べた靴が望ましいというアドバイスがあります。これは移動するときによいといった理由のようです。しかしこれは本末転倒、**移動する時の機能性など大きなお世話**です。高校野球では頭を洗いやすいように丸坊主にしたほうがいいというのと同じで、洗髪とプレー、移動と面接には何も関係ありません。ヒールの高い靴は女性の脚を美しく見せます。普段（または勝負時？）履き慣れている高さの靴を買い、さっそうと歩いてみましょう。

これは極めて個人的な意見かもしれませんが、リクスーに白のブラウスを着るなら、開襟の方が窮屈でなく圧倒的にいい印象に見えます（念のためですが、胸元を広く開けるということではありません）。

もちろんあなたがここまでの人生で茶髪もヒールも化粧もしたことがない、というのであれば、急な変化は自分を偽ることになって逆効果です。そうでないのであれば、少なくとも広告業界を目指すなら、都市伝説に挑戦していく価値は十分あると思います。

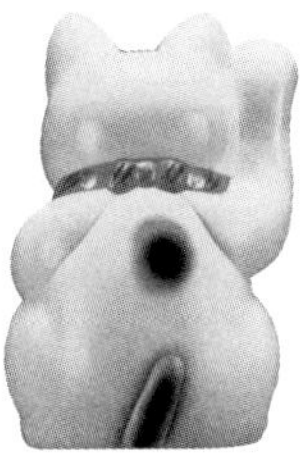

話が「長い」学生の方へのアドバイス。

面接でどうしても話が長くなる人がいます。「1分で自己紹介をしてください」と言われても、自分を止めることができず時間オーバーをしてしまいます。また結局何を言いたかったのかさっぱり分からないことがほとんどです。

しかし話が長いことと、中身が多いことは違います。言いたいことをいくつも持っていることはむしろ重要なことです。

かく言う私も話が長い方です。はっきり言えばかなり長いです（苦笑）。言いたいことはいくらでもあります。そんな私が心がけているのは、**「一つ一つの文章をできるだけ短く言う」**ことです。

学生の自己紹介は「～でぇ、～のでぇ、～ですからぁ、～とぉ」など、どこで話が終わるか分からない話になりがちです。このような話し方は聞いているほうがイライラしてきますし、本人も何を言っているか分からなくなってきます。また時間が限られている面接などではどんどん終わらない話にあせり、泥沼に入っていくものです。

長い文章では相手はそのまま飲み込むことができません。しかし**一つの文をなるべく短く言い切っていけば、相手は「必要なメッセージ」だけを飲み込むことができます**。また時間や相手の表情を見ながら話を切り上げたり、別な話題に切り替えることもできます。**「話が長い学生」の方は、まず「話が多い学生」になって**みてください。次第に**「話題が多い学生」**と評価されるようになれば大成功でしょう。

「なぜかというと」が危険な理由、なぜかというと…。

模擬面接の場で、自己紹介の二言目に「なぜかというと」と言った学生はたいてい泥沼に陥っています。

なぜかというと、

「私は○○ができます。なぜかというと」と一旦話を始めてしまえば、その文章の最後は「……からです」で結ばなければいけなくなり、この「……」の部分が極めて短ければよいのですが、最悪なのは「なぜかというと、私はダンスサークルで100人以上の幹事を務め、毎年秋の学園祭での発表のために……」というように具体的なエピソードを入れ込んで説明しようとするとどんどん泥沼に入りこんでしまい、「……からです」で話を終わらせるためにその文章を途切れなく続けていくことになり、話自体も起承転結のない並列的な文章となってしまい、結局相手にその理由が伝わらず、面接の貴重な時間が無駄になってしまう。

からです。ふぅ……。

せめて「それは○○○だからです」というように、早めに相手に結論を伝えるように心がけてください。

コラム
広告業界のこと

M1、F1。

M1、F1といっても新種の格闘技でもレースでもありません。視聴率やマーケティング業界用語で、男性20~34歳層をM1、女性20~34歳層をF1と呼称します（MはMale、FはFemaleの頭文字）。同様に男性35~49歳層をM2、女性35~49歳層をF2といいます。

大学生の年齢である18歳から22歳が分断されていますが、

(1) 1年程度浪人するのも珍しくないとすれば大学生のうち大部分が成人と推定してもよい

(2) アルコールメーカーなどにも使いやすいくくり方とした

というあたりがその理由なのでは、と思っています。

15年分を一つにした大ざっぱなくくり方ですが、いつのころからかマーケの現場では広告主、代理店問わず広く使われるようになりました。

その証拠にわたし自身がM2に突入した後は、それまで来ていた若者対象商品やサービスのDMが見事にパタッと止まっています（苦笑）。

面接は、2問目からが本番。

広告労協スタッフの挨拶専用85氏が模擬面接で**「自己PRでストーリーを語るのは無理がある」**と言っていました。なるほど現実的なアドバイスだと共感しました。いきなり詳細なエピソードが始まると「この話は長くなるだろうな」と直感で感じ、その瞬間から聞く側は緊張感を失い、終わるのをただ待ちます。話の最初に背景や推移まで具体的に全部説明しなければ分からないようなストーリーを披露しても、長すぎてたいていスベります。残念ながらその人の思い入れほどリアリティをもっては伝わらないからです。

また面接官は一気に話された自己PRや志望動機で点数をつけるのではなく、質疑というコミュニケーションの中であなたの資質を確認し評価を固めていきます。これまでの模擬面接での経験でいえば、**面接の口火を切る話は長くても1分程度がいい**ところだと思い

8 広告業界に圧迫面接はない。

ます。少なくとも**面接の時間がどれくらいかあらかじめ伝えられていない試験では、必ず1分以内に最初の話を終わるべき**でしょう。もしかしたら全体の制限時間は高々3分かもしれません。

「1分」という長さは一つのストーリーを完全に入れ込むには短すぎます。短い時間で誰にでも差別化できる話がない場合には、自己PRでも志望動機でも筋だった話をあきらめ、要点を簡潔に話す方が安全です。**あなたが少ししゃべり足りないと思うぐらいの量の方が、相手も聞き足りないと思ったことを聞いてくれます。**また相手が聞きたいことはエントリーシートに書いてある別な内容かもしれません。

面接を自己紹介から始めるのはみな同じ。**二番目の質問からが本当の面接の始まり**だと心得て、簡潔な自己紹介を心掛けてください。

話題の選び方。

学生の面接報告で、

　エントリーシートに好きなものとして（マンガ・アニメの）「ワンピース」を挙げていたところ、面接官に「実際のところ、私は『ワンピース』のことをよく分かりません。相手が分からないかも知れないものをあなたはなぜ書いたのですか」と聞かれました。

というものがありました。模擬面接ではこのような指摘をすることがよくありますが、実際に面接官が指摘した事例は初めて聞きました。まさに氷山の一角と言えるでしょう。例えばこれがＣＭのタレントやキャラクターの提案だったらどうでしょうか。「ワンピース」を知らないクライアントにそのよさを理解してもらうには、その存在自体や人気の程度をていねいにプレゼンする必要があります。大きなキャンペーンのメインキャラクターを決めるプレゼンなら十分準備もできるし、プレゼン本番でもじっくり説明できます。しかし、面接で本筋と関係ないところで相手がひっかかったりするのは時間が無駄であるだけでなく面接のいい流れを止めてしまうことにもなりかねません。また前述の面接官のように話題の選び方自体を指摘されることもあるでしょう。

また私の仕事であったインターネット広告ではＰＶ、ＣＴ、ＣＰＣ、ＣＰＡ、ＵＵなど極めて多くの専門用語が飛び交います。また販売方法自体もページビュー保証型、期間保証型、クリック課金型、成果報酬型などがあります。これらの専門用語に慣れ過ぎると、重要なプレゼンテーションの場で相手が知らないまま使ってしまったり、請求する場になってトラブルを引き起こしたりします。

難しいのはプレゼンする相手の知識レベルが様々な場合です。その場合は、そのプレゼンに出席する相手のキーマンが誰かを事前に調べ、その人のレベルに合わせるのが通常でしょう。レベルに合わせるといっても、すべて冗長に説明するということではなく、最初にその用語を使う時にきちんと説明したり用語集を添付したりなど、「相手への配慮」を感じてもらうことが重要です。

このように、**話題の選び方や説明の仕方の問題は単なる世代間のギャップが起こしたことと考えるべきではなく、仕事の現場でこそ気をつけなければいけないこと**だといえます。

面接で自分の興味のあることを話すのであれば、「一言の」補足説明で「あ、あれね」

と分かるような説明ができるようなものでなければいけません。広告業界での面接では、タレントならCM、アーティストであればCMソングでたとえるのが一番分かってもらえる確率が高いでしょう。逆に言えば広告業界で働く人にもきちんと知られている話題を挙げることがよいと思われます。

私にとって「ワンピース」は「こち亀」同様「ADKが絡んでいるアニメ」というイメージがあります。これらは著作権表示やスタッフロールを注意深く見ていればわかります。CM同様、アニメや映画でどこの広告会社が絡んでいるかは、当該会社を受ける際の必須知識かも知れません。

話の「編集」。

広告労協F氏は模擬面接会で、ある女子学生のエントリーシートを見ながら個々の項目に関して質問し、最後に困惑したようにこう指摘しました。

「もっと話を『編集』してください」

面接官というのは学生を一言で言える優秀さを探し当てるために面接をします。その材料たるエピソードがたくさんあっても、方向性がばらばらでは、全体で何を言いたいのかが分かりません。そのようなエピソードはいわゆる**「撮って出し（撮ったものをそのまま放送する）」**のビデオ素材と同じです。そのようなものをただダラダラと見せられても、一つのメッセージとしては伝わってきません。

F氏の「編集」という言葉は、問題の本質を見事に言い表しています。短い面接の場では、コラム「機関車トーマスの価値観」で述べた通り、**どんな話をしようと、どんな質問に答えようと、その内容は「自分は役に立つ人物である」ことをアピールできるものにな**

っているべきだと言えます。採用試験が「自分を採用してもらう」ことを目的としているなら、少々強引でも**すべてのエピソードを「役に立つ＝採用してもらう価値がある」という統一した方向性に「編集」することが重要**です。

私は常々テレビ番組の編集能力の高さに注目しています。短い時間でのプレゼンメソッドとして、テレビの情報番組・ニュース番組の編集はとても参考になります（もちろんやりすぎの編集が批判されることはありますが）。

あなたのエピソードのそれぞれが、流れるように統一テーマ（＝役に立つ人材像）を醸《かも》し出せるようになれば、あなたというドキュメンタリーは完成です。質問にただ回答するのではなく、その質問から多少強引にでも統一テーマに持っていくぐらいしなければ、その部分は面接官の記憶から「カット」されるに違いありません。

コラム
採用担当の方へ

性差のない登用。性差のない採用。

「ダイバーシティ」とは直訳すれば「多様性」ですが、最近では「人材の多様性」として人種や男女差別のない登用の促進を指すことがあります。日本ではもっぱら女性の昇進問題として捉えられています。

男女雇用機会均等法は1985年5月に施行され、86年入社が最初の年次となります。同年入社の女性はそのキャリアの長さや経験からいっても大企業の中でも十分中級幹部級以上になれる年齢と言えます。しかし広告業界だけでなく女性の幹部登用は進んでおらず、ダイバーシティという社会問題として取り上げられてきています。

一方新卒採用の現実を見ると、広告業界は広告労協の調査では男性：女性＝7：3程度と言われています。男女比率について個々の会社は「人物本位で検討した結果の数字」と言い訳するのが常であり、決して性差の因果を認めません。しかし長年このボランティアをしていると、女子学生の優秀さの実感と採用実績は明らかに乖離していると確信しています。実際面接官を経験した人も口をそろえて女子学生の方が優秀といいます。なぜ新卒採用にまでこのような歪みが存在するのでしょうか。

答えは明白です。それは性差のある採用と登用は表裏一体の関係だからです。

現状の女性登用のレベルから言えば、選考の最終段階で女性幹部の面接官が出てくることはまれであり、まして役員面接にはほとんどいないと言っていいでしょう。したがって採用の決定段階は旧来の男性的視点が支配していると言わざるを得ません。その微妙なバランスが7：3という数字に現れているのでしょう。「女性は男性の半分以下」という暗黙のレートがあるのかもしれません。

性差のない採用には性差のない登用が必要であり、性差のない登用を進めるためには性差のない採用をしていかなければなりません。

経営層が「男性発想」である以上、彼らが最終決定権を持つ新卒採用で抜本的な性差解消を判断するのは難しいでしょう。ダイバーシティを一気には進められないのは仕方ありませんが、少なくとも雇均法以降に同条件で採用した新卒男女比と同じ割合で女性の管理職登用を進めていくべきだと思います。過去に採用した女性の早期離職を理由にする会社もあるかも知れませんが、男女同じ比率ではなく女性の方が早く辞める職場はダイバーシティに何かしらの問題があると思われても仕方がありません。

それでもダイバーシティに手をつけられないのなら、今のうちから新卒採用の方の性差を抜本的に解消する決断をするしかありません。すなわち今の新卒採用の男女比を強制的にでも5：5に近づけるべきです。当面は6：4が現実的な目標でしょう。この数値程度の是正もできない会社が本気でダイバーシティに取り組めるのか、極めて疑問です。

幹部級や役員に多くの女性が登用され、性差のない会社が当たり前になれば、後述の「役員＝お父さん、人事＝お母さん」論というコラムも遺物となり、役員面接が最も人物本位の選考になるでしょう。女性社員だけでなく、いい男性社員を採用するのにも、ダイバーシティへの取り組みは有効だと考えます。

9

5%の
ロシアンルーレット。

時間の「マナー」と「ルール」。

ある制作会社の面接で、30秒で自己PRをと指示されたにもかかわらず学生が時間をオーバーすると、面接官が吐き捨てるように「30秒って言ったんだよ！」と小さな声で言ったという報告がありました。

社会では時間厳守が基本マナーであることは言うまでもありませんが、この面接官の怒りには少し違う原因があると思います。それはCMの尺です。

ご存じの通りテレビCMは15秒と30秒の2種類の長さ（尺）があります。1分やそれ以上は「長尺《ちょうじゃく》」と呼ばれますが、日本では15秒か30秒がCMの長さと言ってよいでしょう。

CM制作者にとってこれらの尺は**「マナー」ではなく「ルール」**です。陸上競技でも100M走と400M走、1万M走とマラソンが全く違うスポーツであるように、**彼らがCM制作を選んだということは表現者としてそのルールを選んだ**ということです。たとえ短距離走でも、スタートダッシュからフォーム安定・ラストスパートに至るまで様々な駆け引きがあります。少なくともルール自体を軽視するようなことがあれば、同じ競技者として失格と見なされて当然です。きっとこの面接官は自己ＰＲが短すぎても同じことを言うのでしょう。

制作会社の面接では「30秒以内で」と「30秒で」には大きなルールの違いがあると認識してください。15秒という単位、30秒という単位を体にたたき込むことはＣＭ制作をする上でもっとも重要なことのひとつであり、面接でも例外ではありません。

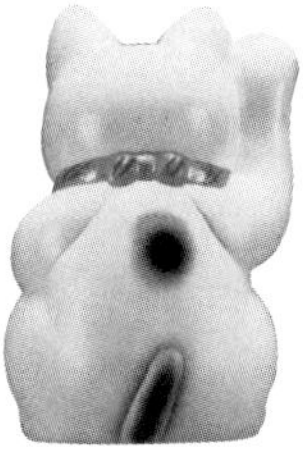

新規開拓は、内定より難しい。

広告業界への就職活動で、志望職種を聞くと「営業です」と答える学生は極めて多くいます。特に「営業で新規開拓をしていきたいと思います」のように、営業と新規開拓はセットのように言われます。

確かに広告代理店では営業がもっとも重要な役割を担います。一番やりがいのある職種かもしれません。しかし就活生の多くが「新規開拓営業を志望」というのに少し違和感を覚えます。

採用試験というのは採用する（＝お金を払う）側が自らあなたと会い、聞く耳をもって話を聞き、その結果採用の判断をするものです。あらかじめ採用側から質問や課題を与え、その答え方や対応によってあなたにお金を払う価値があるかを評価します。

一方新規開拓営業では、無数の自発的なアタックを重ね失敗を繰り返しながら、やっとの思いで相手にアポ取りします。相手はあなたのことも会社のこともよく知らない中で、

9 5%の ロシアンルーレット。

あなたのプレゼンテーションを話半分に聞きます。アポ取りだけでは売上にはならず、さらに多くの失敗をしながらあなたの言葉に耳を傾けてくれる「人」と出会い、最終的にはあなた個人を信用する「人」を見つけ出すことで、初めて「会社」との取引が始まり、あなたにお金が支払われます。

二つを比べると、採用試験は最初からあなたに耳を傾けるところから始まるという点で、新規開拓の何段階ものステップが省略されています。**新規開拓は内定よりはるかに困難なこと**なのです。

新規開拓は通常一人で動き、一人で仕事を取ってくる、極めて孤独な作業です。しかも広告代理店は車ディーラーや証券会社のように決まった商材がありません。**新規開拓営業には幅広い情報収集力、不屈の精神、高度なコミュニケーションと折衝力、そして厳しい自己管理能力**が求められるのです。たとえそれが新入社員だろうと。

クリエーティブと新規開拓営業は広告会社にとって生命線と言えます。このため両者の選考基準は通常よりはるかに高いところに設定されます。陸上競技でいえば、**背面飛びから棒高跳びに種目が変わる**ようなものでしょう。

あなたが面接で前述の能力をいきいきと証明し、新規開拓営業という棒高跳びのバーを飛び越えることができたなら、その下にある内定という背面飛びの高さも同時に通過したとみなされるでしょう。しかし高飛び棒すら持たず競技場にやってきたとしたら、あなたは棒高跳びのバーのはるか真下で背面飛びをしているに過ぎません。

「元気が良く前向きな印象になるから新規開拓志望といっておこう」というぐらいの気持ちでは面接官に見透かされます。広告業界の営業とはどのような職種か、新規開拓とはどのように大変なのか、あらかじめ多くのOB・OGの話を聞いておくことが重要だと思います。**内定テクニック本よりむしろ営業ノウハウ本を参考にする**のも面白いかもしれません。

データの出典。

データは家を支える柱のような存在です。

広告主の課題を解きほぐしていくために、マーケ担当は様々なデータをもとにプレゼンします。しっかりした地盤にしっかりとした材質の柱を一本一本立て、それぞれの柱が全体を支え合う堅牢な基礎をつくってから、きれいな家に仕上げるのです。どんな仮説でも、どんな直感でも、それを裏付ける具体的データがなければ説得力はありません。見かけがいくらよくても、基礎がグラグラしている住宅は欠陥商品でしかありません。

データは常に客観的であるべきです。したがって**プレゼンでデータを示す際は必ずその出典を示さなければいけません**。出典のないデータは、**日付と署名のない「怪文書」と同じ**であり、なんら信頼に値しません。仮に自分で周辺の5~6人に聞いただけのデータだとしても、「自主ヒアリング調査、標本数6」と必ず出典を明示し、堂々と発表しましょう。標本数が1や2では辛いでしょうが……。

5%のロシアンルーレット。

どんな行動をする時にも、不注意または不可抗力による失敗が5%程度の確率で起こります。**人は誰でも行動をするたびに5%（20回に1回）の確率で当たるロシアンルーレットの引き金を引いている**のです。

5%の確率で当たるということは、95%は無事だということになります。しかしこのルーレットは何か行動を起こすたびに毎回引き金を引かなければいけません。エントリーシート、筆記、3次までの面接、そして役員面接の6ステップがある場合、あなた自身がそれぞれのステップまでルーレットに当たらず残る確率は以下のようになります。

エントリーシート　95%
筆記試験　90・2%（95%の2乗）
一次面接　85・7%（95%の3乗）

9 5%のロシアンルーレット。

二次面接　81・5%（95%の4乗）
三次面接　77・4%（95%の5乗）
役員面接　73・5%（95%の6乗）

仮に受けるだけで全員通過する試験だとしても、**5〜6回もステップがあれば受験者全体の4分の1前後が勝手に転んでいく**計算になります。そしてそれは誰にでも起こりうることなのです。

しかしこのロシアンルーレットは引き金が見えているかいないかで大きく結果は違ってきます。「注意をすればまず確実に避けることができる」勝負といえます。

5%のミスを起こす最大の要因は、**「甘い自己管理」と「思い込み」**です。

健康は自己管理の最たるものです。病気で欠席せざるを得ない状況になっても誰もフォローしません。さらに筆記は1点の差に100人ぐらいがいる試験です。万全の体調で臨めず500人、1000人分後退しても、それは本人が勝手に転んでいるだけです。

しかしこのコラムではあえて「思い込み」の恐ろしさをクローズアップします。

人間の判断ミスはほとんどが「慣れによる思い込み」です。火を消したつもり、前方確認したつもり、カギをかけたつもり、いずれも致命的な事故を引き起こします。これを高い確率で回避するには、ファミレスの店員や電車の運転士と同じく**「復唱」**と**「指差し」**

による確認が極めて有効です。

子供じみた動作と思う人がいるかもしれません。しかし、いくら笑顔がすてきな店員でもあなたの注文を復唱しなければどう思うでしょうか。成績優秀で資格を得た運転士が、格好悪いと復唱も指差し確認もしないとしたら、あなたは安心して乗れるでしょうか。**慎重に確認しない人は、誰からも信用されていない**のです。

視点を変えると、慎重に確認しないということは取り組みがいい加減ということの裏返しだといえます。連絡をもらいたいと思っている当事者が、名前の入力方法や電子メールを間違ってタイプしたりしていれば、相手はその人の志望度合いや信用できる人物かどうか疑念が浮かんできます。

記入事項、会場への持参物、目覚まし、これらはすべて指差し確認でトラブルを避けられます。まずは家を出る時の戸締まりで始め、重要な行動の再確認を習慣化してみてください。

さらにもうひとつだけアドバイス。運よく試験会場までたどり着ければ、試験が始まる直前に必ず**携帯電話の電源を切っているか指差し確認でチェック**してください。たとえマナーモードであっても、面接途中に電話がかかってくると必ず動揺します。ましてや着メロが鳴り出したらアウトです。そしてなにより恐ろしいのは面接途中に「あ、電源切ったっけ……」と心配になることです。微妙な心理は必ず受け答えに影響します。

あなたの友人や恋人が面接中のあなたに引き金を引かないよう、面接前にぜひ自分自身で、「電源ＯＫ！」と小さい声を出して、携帯電源の指差し確認をしてください。
その小さい指の動きは、きっとあなたの面接を大きく後押ししてくれるはずです。

コラム 広告業界のこと

「B to B」と「B to C」。

広告業界に限らずビジネスで頻繁に使われる言葉に、「B to B（ビー・トゥ・ビー）」と「B to C（ビー・トゥ・シー）」があります。B to Bは、Business to Business の略であり、法人（企業）から法人向けのビジネス、B to CはBusiness to Consumer、すなわち法人から個人向けのビジネスを意味します。

B to Cの代表例は、スーパーやコンビニ、百貨店などの流通業界やレストラン、ファストフードなどの外食産業、B to Bの代表例はオフィス機器メーカーやSI（システムインテグレータ）などが挙げられます。

しかし、コンシューマ（消費者）向けの商材を取り扱っているならB to C、法人向けならB to Bと、簡単には分類できません。

アルコールメーカーは個人向けの商品を取り扱っていても、それを仕入れる酒屋、スーパー、飲食店への販売が中心です。自社流通を持たないメーカーの営業部門の実態はB to Bといってもいいでしょう。

流通業界にも法人向け営業があります。百貨店にとって法人が顧客に送るギフトは、個人のマーケットと同様巨大なものです。また景品があたるキャンペーン（プレミアムキャンペーン）のようなセールスプロモーションも百貨店の巨大マーケットであり、百貨店が広告主や広告代理店に景品を提案し、大量調達します。景品が食器皿の場合は海外からの輸入や梱包・輸送も手慣れておかなければならず、百貨店ならではの強みがあります。

ＰＣ直販のデルは個人同様法人にも大きなシェアを持ちます。いわば「B to B or C」と言える業態でしょう。またクレジットカード業界は、個人に決済機能を提供するという意味ではB to C、加盟店に入金代行する点でB to Bと、「B to B & C」とも呼ぶべきビジネスです。さらにはほぼ100％B to Bである広告会社の業界に、星野仙一氏や「スラムダンク」作者井上雄彦氏の新聞広告のような「個人広告」という事例も出てきていることにも注目したいところです。

結論をいえば、ビジネスに「B to B」の要素がないという業界は極めてまれだといえるでしょう。仮にB to Cから始まったビジネスとしても、そのノウハウをB to Bに水平展開することで企業はさらに成長します。また外食産業のように実際に販売するのは個人だとしても、その原料の調達は巨大なB to Bの交渉です。

業界や会社の研究をするときには、実際にその企業がお金をもらう、お金を払う先がどこなのかという視点を持つことが重要です。

10

「役員＝お父さん、人事＝お母さん」論。

プールに飛び込む前に。

あなたが飛び込み板からプールに飛び込むとき、その深さや温度を知らなくても飛び込めるでしょうか?

あらかじめ少しだけでもプールに浸かり、水がどれだけ冷たいか事前に分かっていれば、体が自然にその温度に適応するモードになります。またプールの深さがどの程度か分かっていれば、大胆に飛び込むこともできます。

これらの情報を知らずに飛び込むことは、事故につながるほど危険なことと言えます。OB・OG訪問は飛び込む前の体慣らしと覚悟を決める準備といえます。社風や会社のおかれている現状などを事前に知っておくことは、面接を受ける際の大きな知識となり、また大胆なアピールで面接官を感嘆させることもできるかもしれません。

特に**役員面接では「だれが社長か、だれが採用担当役員か」を知っているだけでも違ってきます**。最終面接まで進めたら、ぜひ訪問したOB・OGにもう一度連絡し、社長や役

10 「役員＝お父さん、人事＝お母さん」論。

員の風貌、そして聞かれる可能性のある質問を聞いておきましょう。最終面接まで来たと聞いて後押しをしてくれない先輩社員はいないはずです。

役員面接は、飛込競技の決勝戦です。入念に下調べをし、社員の応援をバックに、自信をもって面接室のドアをノックしてください。

「役員＝お父さん、人事＝お母さん」論。

なぜ役員面接で落選者が出るのか？

広告代理店に内定した03年度卒の男子学生に「どの段階で内定の手応えがあった？」と聞いたところ、「役員面接の段階まで来たら、人事の方は自分の味方なのだと実感しました」と答えていました。学生にとって一方的に見える採用活動ですが、彼の言葉で採用する側にとっても極めて人間的な思惑や感情があるものなのだと思いました。

事実上の最終試験である役員面接は、人事が経営陣に対して「これだけいい学生を残してきました」ということを示す**「採用当局自身のプレゼンテーション」ともいえます**。人事は現場のニーズや将来の成長計画に基づき、必要な人材像と応募学生を照らし合わせ、様々な能力・実績・個性を持った学生を厳選します。人事は採用のプロですから、**人事のお眼鏡に最後まで残った学生は、全員採用してもそれぞれが十分通用する力を持っている**

はずです。

では、なぜそのような学生たちからも最終面接で落選者が出るのでしょうか。

人事が役員に最終面接を「させる理由」

役員という人々は責任ある立場であると同時に極めて多忙であり、事務方がぎりぎりまで検討を重ね下準備をしたものを、短時間の取締役会で議論・決裁するのが常です。たいていの場合議案は絞り込まれ、ＹｅｓかＮｏか分かりやすい判断を出すだけとなっています。

採用（労働契約締結）も重要な役員会決議事項の一つです。しかし、労働契約が通常の契約行為と決定的に違うのは、憲法第22条「職業選択の自由」の精神に基づき、労働者は「（二週間の猶予の後）いつでも」「何の損害賠償もなく」雇用契約を破棄することができるということです（民法第６２７条（期間の定めのない雇用の解約）、労働基準法第16条（賠償予定の禁止））。採用内定も労働契約の一種と見る判例が確立されており、内定者が辞退できる根拠となっています。

経営が下した決定・方針は従業員にとって絶対です。**しかし採用に限っていえば経営判断も一介の学生に簡単に一蹴されることもあり、人事の幹部にとっては上司たる経営者の決定を実現できない恐れがあるわけです。**最終面接に残るような優秀な学生であれば、他社にも内定をとり辞退するという確率もますます高くなっていきます。

したがって、**人事がいかに素晴らしい人材を発掘してきたとしても、採用予定人数だけを役員面接に送りこむわけにはいきません。**役員に採用予定数以上の人数と面接させ、一定の人数を落とさせるのも、人事が役員に採用の最終的な判断をゆだね、責任をとってもらうためだと考えられます。

役員は何を基準に当落を決めるのか

役員は応募総数のうちの何人が最終に残ったか知っており、個々のプロフィールの簡単なレクチャーを受けていることも想定されます。最終に臨む学生として「それなりに優秀である」ということが人事当局によって保証されていると認識しているわけです。

では、厳選された学生を前に最終判断を迫られる役員は、どのような視点で学生を見、選んでいくのでしょうか。

それは、**ひとこと、「印象」です。**

面接の場で役員の考えていることは、
(1)極めて優秀な学生には「本当にうちに入社するのだろうか」
(2)ボーダーライン上の学生には「本当に現場で通用するだろうか」
(3)すべての学生に対して「うちの社風に合うだろうか」

の3つに絞られるといっても過言ではありません。そして、面接を通じ、極めて「直感的に」判断しているのです。

このように、通常の選考過程と役員面接は全く種類の違うものであることが分かると思います。最終面接までこぎつけるが役員面接がうまくいかないという学生の方は、まずこの背景を理解することが大事でしょう。

10 「役員＝お父さん、人事＝お母さん」論。

男子学生にとって、役員＝彼女のお父さん、人事＝彼女のお母さん
この構造は、男子学生にとって**「彼女の母親には気に入られても、父親とはうまくいかない」**のにとても似ています。
母親は娘の彼氏と接するときに、彼のいい点を細かいところまでいろいろ見いだし、父親にもいいところを説明して勧めてくれます。一方、父親は彼の細かいところには興味はなく、「この男は娘にふさわしいかどうか」「娘を傷つけることがないか」といった印象しか見ないといったことはよくあるケースです。**初対面の父親にあなたの細かい点をアピールしても、相手はそんなことそもそも聞いちゃいないのです。**
彼女の母親があなたのいいところを見いだしてくれるように、人事はあなたのことを多角的に評価しています。しかし、彼女の父親があなたを「印象」で評価するように、役員はあなたを「印象」で判断しているのです。

役員面接で細かい点に拘泥したアピールは逆効果です。むしろその会社の「社風」に合っているか、元気はあるか、逆境に耐えられるか、といったことを、彼女の父親にアピールするがごとく、明るく大きく答えてみせることが大事だと思います。

女子学生にとって、役員＝自分のお父さん、人事＝自分のお母さん。

女子学生にとって人事が彼氏のお母さんだとするなら、人事＝姑になります（苦笑）。**むしろ女子学生にとっての役員や人事は、「自分自身の両親」のようなものなのではないでしょうか。**

両親にとって自分の娘を社会に送り出すということは、結婚よりも不安なことなのかもしれません。特に忙しい業界や、転勤もありえる会社などへの就職は、社会人の先輩たる父親は特に心配するものです。

役員も人の親です。もっとも身近な女子学生は、自分の娘だけかもしれません。人事や役員があなたのことを、両親と同様の視線で見ている可能性は高いでしょう。社会はあなたが思っているほど甘いものではありません。**採用当局はあなたが「社会や仕事の厳しさについていけるかどうか」を見極めるために選考を繰り返します。**役員面接ではもっともその傾向が大きいのではないでしょうか。

女子学生がもっともアピールすべきことは、**「社会への巣立ちに向けた決心」**です。人事の選考・役員面接で成功するためには、**まず自分の両親に自分の好きな広告業界に行く決意をプレゼンし**、**見事に勝利することが必要です**。その経験から生まれる「自信」は、必ず人事・役員に届きます。

就職活動は、まずは自分の両親と話すことから

文頭に書いたとおり、採用活動は採用する側にとっても極めて人間的なものです。決して筆記や英語の点数の大小だけで決まるものではありません。「印象」や「自信」といった、計量できない要素をいかに大きく身につけるかが、最終的な役員面接を突破する力になります。

そのためには、男子女子問わず、**まず自分の両親と徹底的に話し合ってください**。両親こそ広告業界を「印象」でしか判断していないかもしれません。そんな両親に自分のやりたいことや将来像をきちんとプレゼンし、最大の応援者になってもらうこと。それがあなたの就職活動をもっとも後押ししてくれるのではないでしょうか。

「やる気」を「伝える」。

役員面接では、多くの会社が定員の2倍以上の倍率で学生を残しています。いくつかの会社では最終面接の倍率が一番高いと見られています。しかも一人あたりの面接時間は、たかだか5分程度。受験者が戸惑うのも無理はありません。役員はそれだけの倍率を短時間でどのように評価しているのでしょうか。

私は「2倍以上」という数字にヒントがあると思います。役員は自分の経験に照らし合わせ、**学生にどんなに資質や実績があろうと、まず「やる気があるかどうか」の二者択一をしている**のだと推測しています。「やる気」をより厳しいレベルで評価する場合には3倍以上の学生を残しておくのでしょう。「やる気」の評価をした後でも定員を超えているような場合に限り、個別の評価に着手するのだと思われます。事実上**役員面接は「やる気」を決裁する場**であると言えます。

最終面接に来る学生はみんなやる気を持っているはずです。しかし**「やる気」は「相手**

10 「役員＝お父さん、人事＝お母さん」論。

に伝わって」初めて意味を持ちます。内に秘めたやる気も、伝わらなければただの独《ひと》りよがりだと言わざるを得ません。エントリーシートに書いてある経験や資質を述べるとしても、それがあなたのやる気につながらなかったら、役員は紙に書いてあることの確認をしただけに過ぎません。

「機関車トーマスの価値観」で、どんな話をしようと自分が「役に立つ」人物だということを示しているべきだと書きました。今、最終選考に残っている人は役に立つ人物ばかりです。しかし学歴・資質・実績は個人によって差があることは否めません。**少しでも不利な立場にいると思っている人は、「人に絶対負けないやる気」を「伝える」ことで逆転するしかありません。**

ビッグタレントを起用したCMより、一本のコピーとさりげない演出の方がパワーを持つことは多々あります。あなた自身のやる気をどんな言葉で伝え、どのようなトーンで話せばいいか、本番を前にじっくり考えてみてください。

コラム　採用担当の方へ

「選ぶのは人事、選ばれるのは役員」論。

とあるメーカーの若い役員の方と飲む機会があり、広告労協の活動や私のコラムの話をしたところ、特に「役員＝お父さん、人事＝お母さん」論に大きな共感をいただきました。

その役員の方も採用は人事の慎重な選考の結果で十分なはずだとおっしゃっていました。事実、技術職採用では役員面接は形式的なものといいます。しかしそれ以外は「毎年学生と会えることを楽しみにしている」役員がいるので実施しているということでした。役員も高齢になると若い人と話す機会がないのでしょう。

しかし一定数を落とさなければいけない状況では、落とす側にも「理由」が必要です。高齢だからといって見る目がないとはいいませんが、全体のレベルが高く、時間も短いために、あら探しになっても仕方がないでしょう。無用な倍率で役員面接に送り込むことは、学生だけでなく役員にも採用当局にも、ひいては会社の将来にとっても不幸なことです。

また会社は内定辞退を「学生の権利であり、仕方がないこと」と思っているかもしれません。しかし大きく見れば辞退が出ることは会社側に原因があります。特に選考の過程で学生側と本音で語り理解してもらうステップが欠けているのではないでしょうか。さらには役員面接自体が学生に与える印象は大きく、上述のような姿勢では役員面接そのものが辞退を加速させてしまっている可能性も否定できません。

この「役員面接」と「内定辞退」の問題を突き詰めていくと、一つの答えが見えてきます。人事は企業の多くの新卒学生と接し、様々な知見をもつ「採用のプロ」ですが、職業上会社を代表する部署とはいえません。一方役員は「会社の顔」であり、魅力ある経営者像こそが学生の心をとらえますが、決して採用のプロとは言えません。すなわち「選ぶのは人事、選ばれるのは役員」と言えるのではないでしようか。

新卒採用に限らず、現場の上げてきた計画や稟議を経営が承認するのは通常の仕事です。しかし新卒採用は未経験者の採用であるがゆえに、役員決議の中でも「本当にそれがベストの選択か」極めて微妙なものだといえます。それであれば他の稟議と同様、採用当局、特に人事担当役員が「これらの学生に内定を出します」と推せばよいはずです。そのためには採用当局が責任をもって学生を厳選しなければいけません。最後に人事担当役員自身がじっくり個々の学生と面接をして選考するのがよいでしょう。そしてそこまでが「会社側の」選考活動であると認識すべきです。

そこからは全役員の出番です。ここでは「面接」ではなく「対話」であることが重要です。役員は自社の魅力や風土、成長目標と計画、経営上の課題、具体的な部署で求められている人物像などを話し、学生は自分の魅力や性格、将来の目標とそれへの努力、現在の自分の課題、自分がどのように役に立てるかといったことを率直に語り合う。それが対等な立場での「対話」です。

この「対話」の最大の効果は、優秀な人材が辞退する確率を下げられることです。優秀な学生は内定直後その会社のことを実は何も知らないことに気が付きます。しかし内定後人事にはなかなか相談できません。悩んだ結果多少でも知っている（つもりの）他社にいくというのが通常の構図でしょう。（原則として）内定を出すことを前提に役員との話の機会を学生にもたせることで、学生の理解と志望度が跳ね上がることは間違いありません。

対話を円滑で意義あるものにするには、役員はあくまで学生は粗削《あら》りであることを前提にし、学生も役員は若者のことを十分には分かっていないことを前提にしなければいけません。それには採用当局が役員・学生双方にきちんとこの「対話」の位置付けと意味をオリエンすればよいことでしょう。

またきちんと対話をすれば、会社と学生の意見の相違がはっきりしてくるかもしれません。あまりに食い違えば役員側から内定を出さない判断があってもよいでしょうし、学生の方も明確な理由で辞退できます。できれば役員判断で落選させるのは避けて欲しいところですが、万が一役員のお眼鏡《めがね》にかからなかった場合でも人事は責任をとって入社後の教育を徹底していけば十分です。

採用担当者は現在の役員面接の問題点を役員会に上げ、内定を人質にしない「対話」の意義を伝えることができれば、多くの役員は同意するのではないでしょうか。

特に「毎年学生と会えることを楽しみにしている」役員の方ほど。

読者からの感想（3）

E：男性／07年卒／関東

■ 感想 ■

広告業界に関わらず、これから就活を本格化させていこうとする上でぜひ知っておくべきことが満載でした。また社会人の常識を、いかに私たちが知らないかも痛感させられました。

■ 役立ったコラム ■「OB訪問・OG訪問より大切なこと」

多くの社会人とできる限り話しておけというのは非常に新鮮でした。バイト先で社員の方と仲良くなることはあっても、「社会人」という意識をいつも持っていたとは言いがたいからです。私は仲良くなると歳の差を忘れてしまうことがよくありますが、気をつけていきたいと思いました。

F：男性／10年卒／関東

■ 感想 ■

本書の内容は就活全般に役立つことであり、タイトルが広告業界となっていることで読者層を狭めてしまっているのが実にもったいなく感じる。

つまりそれほど内容に深さがある。著者の、同じ業界人に迎え入れてあげたいという学生に対する熱い想いと誠意が感じられる。

またテクニック本がはびこる今、このような当たり前で見落としがちな点を淡々と指摘していく本の価値は非常に高いように思う。

■ 役立ったコラム ■「選ぶのは人事～」

入念に準備しなくては第一志望の内定は得られないが、入念に準備しても100%内定がもらえる保証はない。そのことがプレッシャーになる学生も多い。

そんなときにこのコラムを読めば、ああ現場はそうなのかと妙に安心できるのではないか。その安心感の上で今まで培ってきた実力を発揮させれば、実力を相手に伝えることができる。仮にその面接で落ちても実力は発揮できたが縁がなかっただけだと後に引きずらないですむのではないだろうか。

「転職＝しりとり、就職＝かるた」論。

～あとがきにかえて～

●転職＝しりとり。

中小企業にとって中途採用は企業の生命線そのものであり、その会社に必要な具体的経験や技術を持った人材が求められるのは当然のことです。このことは私自身が採用する立場になって改めて再認識しました。会社が小さければ小さいほど、具体的な経験のない人を選ぶことは困難だと言えます。

新卒を多く採用する大企業も同じです。新卒で若い「素材」を採用するからこそ、一方の中途採用では「経験」を求めます。

このように考えると、**転職という市場は企業規模にかかわらず前職と少しでも関係のある形**で無ければ成立しません。**いったん社会に出ると、あたかも「しりとり」のように、多かれ少なかれひたすら前職の何かを引き継いでいく**ことになるのです。

広告労協Fさんはかつて「広告業界を目指すあなたへのメッセージ http://homepage3.

nifty.com/adunion/message.html 」で「仕事や人材の流動性が、働く場としての広告業界のひとつの特色」と指摘しました。そして、「もし受験者の皆さんが、真剣に広告の仕事をしてゆく決意をしたならば、たくさんの広告代理店の中から、とにかくいずれかの会社に入り、広告業界にいろいろな変化があることを前提に、どの広告代理店でも通用するだけの実力を身につけていくことを考えたらいかがでしょうか」とおっしゃっています。

私も彼の考えにまったく同感します。なすがままにしりとりをしても、あさっての方向を漂うだけです。**本当に広告の仕事に就く・行きたい会社に行くという目標をもつのなら、それに向かってどんなしりとりで強引にでもたどりつくか、そのために次に得るべき経験は何で、どの部署や会社に行ったらそれが得られるのか、そんな計画性と開拓精神が必要です。**

仮に広告業界でなくクライアント企業側に行くことになったとしても、本気で広告業界にゴールを設定するなら、担当人事に広告部門に配属してほしいと言い続けるぐらいの勢いが必要でしょう。仮に最初の配属でそれがかなわなかったとしても、社内異動というしりとりで計画的につないでいく努力をしなければいけません。

その業界に強く行きたいと思い行動する人しか機会を手に入れることはできないといっても、過言ではないかもしれません。

●就職＝かるた。

転職はしりとりのように前の仕事をひきずるものです。では職業の経験のない新卒学生の就職活動はどのような位置付けになるのでしょうか。

日本における新卒採用では、技術系の専門職を除き大学の専攻をあまり重要視しません。少なくとも広告業界では（グラフィック系以外の専攻で）優秀な成績を残したからという理由で採用されることはまずないと考えられます。評価しているのは**学生の「潜在力」に絞られる**と言っても過言ではないでしょう。

しかし潜在力といったあいまいな検討軸は、中途採用に比べてリスクが大きいのも事実です。その代わり新卒初任給という、その会社でもっとも安い給料体系で働かせるわけです。

一方、学生側にとっても、成長性や報酬体系はどうかといったその会社の潜在力が主要な評価軸になると言えます。同時にどのような業界や会社が自己実現できるところかを見極めることが重要です。

新卒学生には、時間をかけて会社・業界・社会を見つめ、どこでも仕事を得ることができる、人生で唯一といってもよい機会が与えられます。また、大企業や人気企業が「働く」という舞台裏からプレゼンテーションし、接触してくれる機会は他にありません。**新卒学**

生は特定業界だけを見るのではなく、あたかも「かるた」のように、さまざまな業界に触れてみるべきでしょう。

社会に出てしまうと、就活という時期は当時思っていた以上に有意義な時間だったと実感します。**最初に選ぶ仕事がその後の人生の大きな流れを決めてしまうかもしれないこと**を念頭に置き、社会人になる前のもっともぜいたくな時間をぜひ有効活用してください。

２００２年に開始した広告労協の広告業界就職支援活動ですが、広告労協が現在も継続していることには、驚きと感謝の念を禁じ得ません。今、広告労協を支えているのは、当時私たちが支えていた就活生たちです。私たちがもっとも熱心に活動していた就活世代は現在30代。彼らは現代の広告業界そのものを支えています。今後彼らが自らの声で広告業界就職をススメる書籍が発行されたらと夢見ています。

最後に、広告業界就職フォーラム発足以来大変お世話になった広告労協笹尾訓収さん、栗原務（「挨拶専用85」）さん、古谷宗章さん、鵜沢秀臣さん、石井敏さん、福山正弘さんに深く御礼を申し上げます。また、労協ＯＢ・ＯＧを代表してｍｉｘｉで自主コミュニティを長年にわたり運営していただいている佐久間尚基（「さっくー05」）さんにも感謝いたします。

そして繰り返しになりますが、フォーラム発起人、いや発明者である藤井勝敏さんの偉大なご貢献に、心より敬意と謝意を表したいと思います。

本書を手にされた就活生の方々、心より応援しています。

２０１７年４月　吉開　章

『受験倍率の高い広告業界で磨かれた、広く新卒者にとってバイブル的な一冊』

広告労協 事務局長・**藤井勝敏**

この本は、広告業界の労働組合の団体「広告労協」によって運営されている広告業界志望者向け活動『広告業界就職フォーラム』から生まれたものです。通常、労働組合はあくまでも既存社員を対象とした活動が全てであり、まだ企業にも入社していない新卒者向けにサポート活動を展開しているような例は、従来はありませんでした。

「広告業界就職フォーラム」の活動は、私自身へのあるOB訪問を一つのきっかけとして、企画され、2002年に突然誕生させたものです。このOB訪問では、買い手市場を背景に、企業側が新卒受験者に対し、いかに不充分な対応を行なっているかという実状に気付かされました。当時は就職氷河期の真っ只中で、広告業界各社の新卒採用は極めて限られた状況でした。そこで私は貴重な各社の新入社員の定着率を上げるためにも、入社した新入社員が「聞いていた話と違い、こんなはずではなかった」と感じないように、受験前に業界や仕事の実態をあらかじめきちんと伝える必要があると考えました。特に広告業界においては、「人材の質こそが業界の将来と直結しており、労働組合の立場としても、業界の将来を担う優秀な人材を自ら率先して確保してゆきたい」と考えたのです。

『広告業界就職フォーラム』の活動は、前例がないだけに運営側としても未知数の部分が多かったのですが、スタートしてみると、受験者の間で先輩から後輩へとクチコミで広がり、瞬《また》く間に数年の間に広告業界受験者に広く知れ渡る存在となりました。その結果、本書の刊行にも展開していった訳です。

著者の吉開章さんは、大手広告会社の社員として通常勤務しながら、私と共に「広告業界就職フォーラム」の創成期から運営の中心的役割を担っていた方です。この本の評価ですが、広告業界各社の受験倍率は他業界と比較しても相当高く、その中で磨かれていった様々なノウハウが満載されています。過去にこの本を読まれた方からは、「広告業界のみならず、広く新卒者にとってのバイブル的なものである」との声をいただいています。実際にきちんと内容を理解すれば「就職活動全般において実践的に役立つ本」になることは間違いありません。

就職情報提供会社や大学の就職課もありますが、業界の事情に精通した上で、本当の意味で新卒受験者が頼れる存在、受験者の味方はそれほど多くはないと思います。折りからの世界的不況で、就職氷河期が再来しています。改めて本書や「広告業界就職フォーラム」の活動が、脚光を浴びる時期が来たのではないでしょうか。

ぜひ新卒受験者の皆さんは、本書に記載されているノウハウを自分のものにしながら、有意義な就職活動を展開していただけたらと思います。広告労協では全ての受験者の皆さんを応援しています。

著者略歴

吉開 章(よしかい あきら)

1966年福岡県生まれ。

東京大学工学部都市工学科卒。大手広告代理店で交通広告、インタラクティブメディア、海外デジタル戦略立案に従事するかたわら、2006年まで同社労働組合の役員として人事制度改革、組織率アップに取り組む。

広告業界就職ノススメ。【増補版】

2009年9月18日 初版第1刷発行
2017年4月18日 初版第2刷発行

著者 吉開 章
発行人 篠田博之
発行所 (有)創出版
〒160-0004 東京都新宿区四谷2-13-27 KC四谷ビル
電話 03(3225)1413
FAX 03(3225)0898
mail@tsukuru.co.jp
http://www.tsukuru.co.jp

印刷所 (株)ダイトー

 ISBN978-4-924718-96-8